The Shortest History
of
Europe

你一定爱读的
极简欧洲史

（增订纪念版）

（澳）约翰·赫斯特 著 席玉苹 石晰颋 译

广西师范大学出版社
·桂林·

著作权合同登记号桂图登字：20－2015－091 号

图书在版编目(CIP)数据

你一定爱读的极简欧洲史(增订纪念版)/(澳)约翰·赫斯特著;席玉苹,石晰颋译. —2 版. —桂林:广西师范大学出版社, 2018.6(2024.10 重印)

ISBN 978－7－5495－7006－5

Ⅰ．①你… Ⅱ．①约… ②席… ③石… Ⅲ．①欧洲－历史－通俗读物 Ⅳ．①K509

中国版本图书馆 CIP 数据核字(2015)第 159786 号

你一定爱读的极简欧洲史

NI YIDING AIDUDE JIJIAN OUZHOUSHI

出 品 人:刘广汉　　　　责任编辑:魏　东
策　　划:刘　鑫　　　　装帧设计:赵　瑾

广西师范大学出版社出版发行

（广西桂林市五里店路 9 号　　　邮政编码:541004）
（网址: http://www.bbtpress.com）

出版人:黄轩庄

全国新华书店经销

销售热线:021－65200318　021－31260822－898

山东临沂新华印刷物流集团有限责任公司印刷

(临沂高新技术产业开发区新华路 1 号　邮政编码:276017)

开本:787mm ×1 092 mm　　1/32

印张:11　　　　　　　　字数:150 千

2018 年 6 月第 2 版　　　2024 年 10 月第 9 次印刷

定价:59.00 元

如发现印装质量问题,影响阅读,请与出版社发行部门联系调换。

中文版序

我的《极简欧洲史》有幸被引介给中国读者,令我欣喜异常。

中华文明远比欧洲文明古老,在很长一段时间里也远比欧洲文明进步。欧洲的火药、罗盘针、造纸术和运河的水闸,皆从中国传来。在中国,一千多年里唯有通过了科举考试的幸运儿才能当上国家官员,而欧洲人采用这一极为公平的体系已是19世纪的事了。

然而最近的几百年里,为什么欧洲却将中国甩在了身后,执世界牛耳,令东方从属于西方呢?这就是我的《极简欧洲史》提出的问题。不过,那个时代已经远逝,中国重新崛起为世界强国之一。

其实,前现代时期的文明交流远比我们所能想象的要繁盛得多。只不过在今日世界,这一交流要更加迅疾、频仍而已。不论中国、欧洲还是美国,现在都已成为同一经济体系的一部分。伴随我们的多边贸易水涨船高,我们对彼此的理解与认知也远非昨日可比。

希望我的书能有助于中国读者快速了解欧洲的历史,进而领悟西方文明的特质——所谓西方文明,不仅包含欧洲,而且囊括了美国以及我的祖国澳大利亚。事实上,澳大利亚正是与中国最相邻的西方国家。我仍在努力认识中国的路途上。期待有朝一日,有人能写一本《极简中国史》让我从中受益。

(刘鑫 译)

目 录

破坏性力量

引　言

如果你看书有直接跳到最后去看结局的习惯，你一定会喜欢这本书——因为开头没多久，便已讲到结局。这本书以不同的角度，总共把欧洲历史述说了六遍。

本书的内容原本是授课用的讲义，目的是让澳大利亚的大学生对欧洲历史有个初步的认识。但身为老师的我并不是从最前面开始，按部就班讲到最后。我的做法是先为学生很快地做个概论，再回头补充细节。

我用前面两章的篇幅简要勾勒出欧洲的完整历史，这确实是极简欧洲史。接下来的六章，各取一个特定主题延伸。之所以这样做，是希望借着回头作更深入的检视，学生可以加深了解。

所有故事都有情节:开头、中间、结局。以这个定义来看,文明并不是一个故事。如果我们认为文明的演变必然有起伏跌宕,我们就会被其中的故事性吸引,虽然它迟早会走到结局。我的目的是从中找出欧洲文明的基本元素,看这些元素如何透过时间重新组合,从古旧中形塑出新的样貌;看旧有的东西如何屹立不摇、风云再现。

历史书总是会触及众多的人物与事件,这是历史的好处之一,带领我们贴近人生。不过,这一切有什么意义呢?哪些才是真正重要的东西?诸如此类的问号总是萦绕在我心头。

因此,很多历史书所囊括的事件和人物,并没有出现在本书里。

本书的第二部分,也就是较为细节性的描述,约莫谈到1800年就戛然而止,这纯粹是因为我在准备这些教材时,另有一门课专门讲述1800年以后的历史。有多少历史故事会因为这样而被遗漏?不过,我偶尔会这样期盼:如果我的方法行得通,你会看得出来,我们目前所居住的这个世界,轮廓面貌在许久以前便已奠定。

本书的重点,在古典时期之后多半放在西欧。在形塑欧洲文明这件事情上,欧洲各地区的重要性并不均等。意大利的文艺复兴、德意志的宗教改革、英国的议会政府、法国的民主革命,造成的影响都比波兰被瓜分来得重大。

我对历史社会学家,尤其是米歇尔·曼恩(Michael Mann)和帕特里夏·克龙(Patricia Crone)的著作仰赖甚多。克龙并不是欧洲历史的专家,她的专精领域是伊斯兰文化。不过,她在一本名为《前工业社会》(*Pre-Industrial Societies*)的小书中辟有一章:"畸怪欧洲"(The Oddity of Europe),这是一篇非常精彩的杰作,只用了三十页就讲完整个历史,几乎跟我这本"极简史"一样短。它提供了我将欧洲的各种混杂元素加以整理并重组的构想,成果即是本书前两章所呈现的样貌。

多年来我任教于澳大利亚墨尔本拉筹伯大学(La Trobe University),有幸与艾瑞克·琼斯(Eric Jones)教授结为同事。他对我以大格局看历史的做法多有鼓励,而我对他的著作《欧洲奇迹》(*The European Miracle*)也仰仗甚多。

我编写这些教材,最初的对象是澳大利亚的学生,他们懂得太多澳大利亚历史,对欧洲文明所知却太少,而他们,也是欧洲的一分子。

此次新版加入了新的章节,详述了 19 世纪与 20世纪的历史。

SHORTEST HISTORY

欧 洲 极 简 史

第一章

从希腊说起,讲到日耳曼

——古典时期到中世纪

欧洲文明是独特的,因为它一直是唯一能让世界其他地区马首是瞻的文明。它之所以做得到这点,是靠着不断的征服和定居、强大的经济实力和思想观念,以及拥有其他人向往的东西。今天,全球所有国家普遍运用的科学发现和科技都起源于它,而科学本身就是欧洲的发明之一。

在欧洲文明发端之初,它的组成元素有三:

1.古希腊和罗马文化;

2.基督教——犹太教(犹太民族之宗教)的一个

奇特分支；

3.对罗马帝国进行侵略的日耳曼蛮族的战士文化。

欧洲文明是个混合体。随着继续往下读,这个混合特质的重要性,就会慢慢地彰显出来。

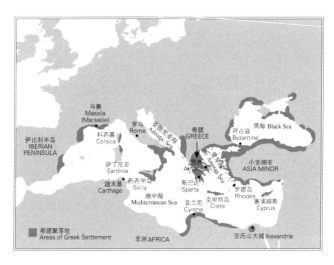

图1-1　古希腊城市和殖民聚落。在环地中海和黑海的贸易和农业聚落里,希腊文明开出繁花盛景。

现代文明的源头:古希腊

如果我们去找哲学、艺术、文学、数学、科学、医学以及政治思想的源头,所有这些智识,都会把我们带回到古希腊。

在希腊的辉煌时期,它并不是一个单一制国家,而是由多个小聚落,也就是今天我们所称的城邦分区统治。一个城邦就是一个城镇,四周有一圈土地环绕,每个人都可以在任何时刻进城去。希腊人喜欢加入城邦,就像我们归属于某个俱乐部一样,是基于一种同谊情感。民主政治的原型就是从这些小城邦里萌生,但它并不是代议式的民主,用不着选举国会议员。所有的男性公民群聚于某个场所就公共事务进行讨论,法律和政策的制定都透过投票表决。

随着城邦人口日益增长,希腊开始派人到地中海其他地区去开拓殖民地。在当今的土耳其、北非沿岸,甚至远至西班牙、法国南部和意大利南部,都找得到希腊人安家落户的踪迹。而就在意大利这里,罗马当时只是今日罗马城周遭的一个小村落,与希腊人首度遭逢,进而向他们学习。

罗马国·希腊味

罗马人慢慢建立起一个庞大帝国,连希腊和希腊所有的殖民地都在它的疆域范围之内。这个帝国,北以两大河流"莱茵河"及"多瑙河"为界,不过有时也会超越;西边则是大西洋。英格兰是罗马帝国的一部分,但苏格兰和爱尔兰不是。帝国南边远抵北非沙漠,东边疆界最难确定,因为此处还有一些与它敌对的帝国。罗马帝国涵盖了整个地中海;但它的领土只有一部分属于今日的欧洲,大部分是在土耳其、中东和北非地区。

罗马人比希腊人更骁勇善战。他们用来治理帝国的法律比希腊人高明,对打仗和治国方面都极为有用的工程建筑,水准也在希腊人之上。可是,在其他方面,就连罗马人也承认希腊人比他们高明,心甘情愿地卑躬屈膝、复制仿效。罗马的精英分子除了说自己的母语拉丁语,也会说希腊语;他们把儿子送到雅典上大学,要不就雇个希腊奴隶在家教小孩。

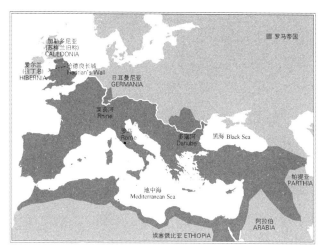

图1-2 公元1世纪时的罗马帝国疆域。

因此,我们谈到罗马帝国时,常形容它是"希腊罗马风格",是因为罗马人乐见这样的发展。

希腊人有多聪明?

从几何学中最容易看出希腊人有多聪明。我们在学校里学的几何就是承袭自希腊。很多人可能已经忘了几何,所以我们从最基本的说起。

几何学的运作是:从几个基本定义出发,从中延

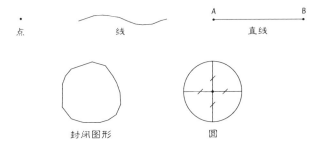

点　　　　　线　　　　　直线

封闭图形　　　　　圆

伸出其他规则。它的起始是"点",希腊人为"点"下
的定义是:有定位但没有量值的东西。其实它当然
也有量值,像这页上方的点就有宽度(直径),不过几
何可说是一种假想的世界,一个纯粹的世界。其次
是有长度但没有宽度的"线",再来是"直线"的定
义:两点之间最短的线。根据这三个定义,你可以建
立出圆的定义:首先,它是一条能造出一个封闭图形
的线。可是,你要怎么形容"圆"呢? 仔细想想,圆还
真难描述。它的定义是:这个图形当中有个中心点,
从这个固定点连接到这个图形的所有直线都是
等距。

　　除了圆形,你还可以定义出可无限延伸但永远
不会相交的平行线,以及各式各样的三角形、正方

形、长方形等常见形状。这些形体，无一不是由线组成，除了各有定义明确、清楚的特征外，连彼此之间各种交集和重叠的可能性，都被希腊人一一探讨过。一切都可借由前面已建立的定义得到证明。举例来说，只要利用平行线的特性，即可证明三角形的三个角加起来一共是180度。

几何学是个简单、优雅、有逻辑的系统，非常赏心，也非常之美。美？希腊人确实认为它很美。

而从希腊人学习几何的动机，也可窥见他们的心智。我们在学校里做几何，是把几何当习题来做，但希腊人并不仅以习题视之，也不是因为它在测量或导航方面有实际用途。在他们眼里，几何学是引导人类认知宇宙本质的一个途径。当我们环顾四周，被眼前形形色色、丰富多样的世界吸引，所有事物都随机又漫无章法地出现。但希腊人相信，这一切都可用简单的道理来解释。这些多元样貌的背后，必然有种简单、规律、有逻辑的原理在支撑，像几何学就是。

希腊人研究科学，并不像我们是先有假设再用实验去验证，他们认为，只要你开始思索，努力推敲，

几何的活用

平行线不会相交。我们可以为这个特色下个定义：一条线穿过两条平行线，会造成两个相等的错角；如果这两个角不相等，两条线一定会相交或岔开，换句话说，就是不平行。我们用希腊字母来代表角度，左图中的 α 即是两个相等的错角。将希腊字母用在几何里，是提醒人们不忘本。我们这里用了三个字母：α、β、γ。

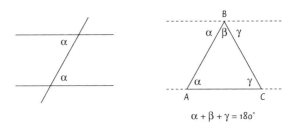

$$\alpha + \beta + \gamma = 180°$$

从这个定义出发，可求出三角形三个内角的总和。右上图中，我们把三角形 ABC 置于两条平行线当中。利用已知数去求未知数，是几何学的奥妙所在。由于平行线的错角相等，可知 A 点的 α 角与 B 点的 α 角度相同。同样，C 点的 γ 角也与 B 点的 γ 角相同。上面那条平行线的 B 点是由三个角所组成：α + β + γ。这三个角组成一条直线，而我们知道，直线是 180 度。

因此，α + β + γ ＝180 度。前面我们已利用平行线，得知三角形的内角和也是 α + β + γ，因此，三角形的内角和也是 180 度。

就这样，我们利用平行线证明了三角形的一些特质。

就可以得出正确答案。因此，他们根据灵感，大胆揣测。

有位希腊哲学家认为，所有的物质都是水做的，这显示他们对"简单的答案"多么求之若渴。另一位希腊哲学家说，所有的物质都是由四样东西组成：土、火、水和空气。还有一个哲学家说，其实万物皆由一种微小物质组成，他称之为原子——这可是中了大奖。他根据灵感而作出的猜测，让 20 世纪的我们又回头去研究它。

听随灵感的"科学精神"

我们现在所认知的科学始于四百年前的 17 世纪科学革命，古希腊的两千年后。现代科学一开始就推翻了当时依然是主流和权威的希腊科学的中心教义，但它之所以能推翻希腊科学，遵循的正是这种希腊灵感：答案应该简单、符合逻辑、能以数学表达。

牛顿和爱因斯坦，这两位分属于 17 世纪和 20 世纪的伟大科学家异口同声说，唯有答案简单，才可能近乎正确。这两位科学大师都能用数学公式提出解答,用方程式描述物质的组成和物质的移动。

其实,希腊人的灵感常常是错的,有时候还错得离谱。希腊人认为答案应该简单、符合逻辑、能以数学表达的基本直觉也可能是错的。不过后来事实证明,欧洲文明的最伟大成就仍应归功于希腊人。

希腊人为什么这样聪明?我认为我们解释不了其中的原因。照理说历史学者应该能够释疑,可是当他们碰上这样的"大哉问"——譬如说,为什么这些小小城邦能培养出这样深富逻辑、灵活敏捷、心神专注的头脑时,却始终提不出有力的解释。所有的历史学者,就跟其他人一样,只有纳闷的份。

唯一的神,绝对的真理

再来说另一个奇迹。我们即将谈到欧洲这个混合体的第二个元素——基督教。犹太人一直相信,宇宙间只有一个真神,这是极不寻常的观点,希腊人和罗马人崇奉多神,这比较普遍。犹太人还有个更异乎寻常的信念,他们认为自己是上帝的选民,所以这个唯一真神会对他们特别照顾。因此,犹太人必须遵守上帝的律法作为回报,这套律法的基石是"十诫",是摩西将犹太人从埃及的为奴之地带领出来时告谕给他们的。直到近些年,"十诫"一直是西方道德的核心,基督徒对它滚瓜烂熟,光说第几诫就知道内容是什么。你可以说,某个人永远会严守第八诫,不过有时候会触犯第七诫。下面是"十诫"的内容,根据的是《圣经·出埃及记》第二十章的记载。

　　神吩咐这一切,说:"我是耶和华你的天主,是我领你出了埃及地奴隶之所。

　　"除我以外,你不可有别的神。

　　"不可为自己雕刻偶像,也不可作什么形象,仿佛上天、下地和地底下、水中的百物。

　　"不可妄呼耶和华你天主的名;因为凡妄呼他名的人,耶和华决不让他们免受惩罚。

　　"当纪念安息日,守为圣日。六日要劳碌做你一切的工,因为六日之内,耶和华造天、地、海和其中的万物,第七日便安息,所以耶和华赐福与安息日并定为圣日。

"当孝敬父母,好使你在耶和华你的天主所赐给你的地方延年益寿。

"不可杀人。

"不可奸淫。

"不可偷盗。

"不可作假见证陷害人。

"不可贪你近人的房屋,也不可贪恋人的妻子、仆婢、牛驴及他一切所有的。"

"十诫"只是这套道德法规的开端而已。犹太人的法规极其繁复琐细,除了包含一般的实质律法,例如犯罪、财产、继承、婚姻,就连饮食、清洁、如何治理家务、如何在教堂中献祭上帝也都涵盖在内。

虽然犹太人相信自己是上帝的选民,但他们并没有逐梦的空间。他们常常遭受屈辱,被外族占领、放逐;可是,他们从不怀疑上帝的存在或他对他们的关爱。当苦难降临,他们的结论是自己没有恪遵上帝的规定,以至于触怒了神。因此,在犹太民族的宗教里,一如基督教中,道德与宗教是密不可分的,但其他宗教就不见得如此。

罗马人和希腊人的神祇就常有失德之事,拈花惹草、钩心斗角什么都来。罗马宗教里,神也可能对人类施以惩罚,不过通常不是因为你做了什么败德恶行。说不定只是你没有好好祭拜他或祭拜的次数不够多而已。

耶稣,基督教的始祖,就是个犹太人,他所有的门徒也都是犹太人。在耶稣传道之时,犹太人再度丧失了国家主权;巴勒斯坦是罗马帝国的一个偏远省份。

恺撒的归恺撒,上帝的归上帝

耶稣一些徒众对他寄予厚望,希望他能领导起义,对抗罗马。他的敌人设计于他,想骗他说出带有谋反意图的话。他们问,我们应该纳税给罗马吗?耶稣回答,拿一个银钱给我看——这上头是什么图案? 对方回答,是恺撒的像。耶稣就说:"恺撒的,就应归给恺撒;天主的,就应归还天主。"

耶稣熟知犹太人的律法和教训,从中延伸出他自己的教义。他的教诲有一部分就是这套律法的精华摘要。其中一条是:你应当全心、全灵、全意爱耶和华你的天主,要爱你的邻居如同爱你自己。

我们不清楚耶稣有没有说过你可以忘掉所有细节,只管记得这些精要结论就好;或者他曾说过细节,例如清洁、献祭等也很重要,现在我们不得而知。耶稣的训示有多少是在犹太教义之内或有多少逾越了界线,学者迄今依然争论不休。不过有件事是清楚的:他把那些已经非常严格,你可能认为要做到简直是痴人说梦的古老道德教训更推而广之,发扬光大。只要看看他的"山中圣训",《马太福音》第五章的记载:

> 你们一向听说过:你应爱你的近人,恨你的仇人!我却对你们说:你们当爱你们的仇人,当为迫害你们的人祈祷,好使你们成为你们在天之父的子女,因为他使太阳上升,光照恶人,也光照善人;降雨给义人,也给不义的人。你们若只爱那爱你们的人,你们还有什么赏报呢?税吏(大家对罗马税吏深恶痛绝)不是也这样做吗?你们

若只问候你们的弟兄,你们做了什么特别的呢?外邦人不是也这样做吗?所以,你们应当是成全的,如同你们的天父是成全的一样。

在这次传道中,耶稣把犹太人的道德教训转化成了宇宙大爱。

当时有许多讲道人和先知,耶稣只是其一。犹太教的领导阶层对这些讲道人心生疑忌,跟罗马人联手合作,并将耶稣处以死刑的也是这些犹太领袖。但不同于其他精神导师的是,耶稣在死后复活了——至少他的信徒这样相信。

在今天,很多上教堂的人或许以为耶稣不过是个心灵导师、先知或贤善之人,但他不仅如此。耶稣的信徒相信他是上帝的儿子,他被钉在十字架上,是一件惊天动地的事。那代表着上帝为了拯救人类,使其免于毁灭——这是人类原罪的后果。因为他们把邪恶带入这个人世,上帝牺牲了自己的儿子。只要相信耶稣,你就能够得救,死后不但不会被打入地狱受火烧之苦,更能升入天堂,永远与上帝同在。

这样的教义是只对犹太人有效,还是所有人类共有? 耶稣死后,他的跟随者对这个问题意见分歧。传统派主张,唯有先变成犹太人,遵奉《旧约》中针对犹太人订下的所有严格规定,包括割包皮,一种对成人男子来说颇为痛苦的手术,你才有可能成为基督徒。当初如果这一派获胜,今天的基督教很可能就只是犹太信仰的一个小旁支而已,甚或已经灰飞烟灭,就算不灭绝也势必无足轻重。

结果胜出的是另一方。他们说,这是一种完全不同的崭新宗教。你不必先变成犹太人,所有法规都可以置诸脑后,基督已经把我们从那些戒律当中解放出来;他关于爱的教诲凌驾于一切律法之上。这是早期基督教会一位伟大传教士保罗的观点,有人甚至尊保罗为基督教的鼻祖,因为耶稣死的时候,这个信仰还只是犹太人的家务事。耶稣是犹太人,他的徒众也是,有些人希望就这样保持下去,而因为保罗确凿地指出这是所有人的宗教,自此而后,基督教就成了一种世界性的宗教——至少开启了这样的可能。接下去的三百年间,它被广为传播,在罗马帝国的每个角落开花结果。

日耳曼蛮族的逻辑

这个混合体的第三组人马,是入侵罗马帝国的日耳曼蛮族。他们原本住在北方边界处,在公元400年之后大举入侵,到了公元476年,西罗马帝国已被他们毁灭。欧洲文明这个混合体,就在法国、西班牙和意大利这些地方粗具雏形。

这些蛮族粗野不文,没有留下任何文字记载,我们对他们在侵略帝国之前的事迹所知极少。

关于他们的记述,最好的描述当属公元1世纪的罗马历史学者塔西佗(Tacitus),但这也可能不是第一手资料。据他形容,这些蛮族的首领和战士一起生活、一起打仗,简直是为打仗而活:

在战场上,首领的勇气要是被战士比下去,或是战士的勇气比不过首领,都是可耻的事。如果首领倒下而你离开战场独活,那更是一生也洗刷不掉的污名和耻辱。对首领极尽保护、捍卫,贬抑自己的英雄行为而把功劳归给首领，是服从的真实意涵。首领为胜利而战，战士则为首领而战。

很多贵族子弟，如果出生地承平了好一段时间，会刻意去挑衅其他正有战事进行的部族。这些蛮族对和平毫无胃口，在危难中博得名声比较容易，更何况，要养得起旗下的战士大军，唯有凭借暴力和打仗一途。战士们总是伸手向首领要东西：把你的战马赐给我吧，要不那根血迹斑斑、代表胜利的箭矛也行。至于吃饭，不管伙食是丰盛还是普通，都被当作报酬看待。要这样慷慨，你非得靠战争和掠夺，才供养得起。

你会发现，要劝动一个日耳曼人下田耕种，耐心等着一年一度的收成，要比劝他去挑战敌人、赢得受伤的奖赏来得困难。他认为，能靠流血换到的东西却去流汗得来，是没骨气、等而下之的事。

这样的蛮族，在三百年后取代了整个罗马帝国。

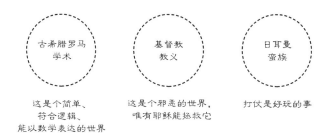

古希腊罗马学术
这是个简单、符合逻辑、能以数学表达的世界

基督教教义
这是个邪恶的世界，唯有耶稣能拯救它

日耳曼蛮族
打仗是好玩的事

我们已经检视完这三个组成元素,在此做个归纳。(见上图)

希腊人的观点:这是一个简单、符合逻辑、能以数学表达的世界。基督教的观点:这是个邪恶的世界,唯有耶稣能拯救它。日耳曼蛮族的观点则是:打仗是好玩的事。这些看似天差地远的元素组合在一起,造就了欧洲的文明。

如果持续迫害下去……

这三种元素是如何组合在一起的呢? 首先,想想基督教和希腊罗马世界的关联。基督教时常遭到罗马政府的迫害。他们没收《圣经》典籍,查封教会财产,逮捕基督徒施以酷刑,处死那些不肯背弃基督的人。

罗马人是很包容的。他们所统治的帝国是由许多种族和宗教所共同组成,所以只要你规规矩矩不惹事,罗马人都会让你走自己的路。你可以自己管理自己,你可以信奉自己的宗教,只除了一点:你必须对皇帝敬拜,因为罗马人相信,君主的地位与神明无异。

你必须做的敬拜其实也微不足道。比如说,君王的一张肖像或一尊雕像前面有一团火,你必须拿一小撮盐洒在火里,让火苗蹿大,这样就够了,颇类于今日向国旗致敬或是唱国歌。但基督徒不肯这样做,因为他们跟犹太人一样,说自己只能崇拜唯一的真神,因此无论如何都不肯把君王当作神一般对待。

只不过,犹太人不肯对君王致敬,罗马人通常会放他们一马,因为在罗马人眼里,犹太人只不过是个古怪、反复无常但面目容易辨识的古老民族,它据于国土的一方,有自己的神庙和守护神;对比之下,基督徒却在奉行一种新宗教,而且什么人都可能是基督徒,什么地方都可能有基督徒。罗马人认为基督徒是颠覆分子,必须铲除而后快。只不过罗马人当时如果持续迫害下去,这个目标说不定早已得逞。

从追杀到独尊

可是,奇迹发生了。公元 313 年,君士坦丁大帝成为一位基督徒,或者说至少公开表态支持基督教会。他认为基督教的神可以眷顾他,让他的帝国超越其他所有帝国。当时基督教距离跻身主流信仰尚远,这个一国之尊的统治者却张臂拥抱;他拿钱资助教会,支持主教的统治权。五十年后,另一位信奉基督教的君主更禁止异教,独尊基督教为国教。如此这般,在耶稣于罗马帝国一个纷争不断的偏远省份传教四百年后,基督教成了这个帝国正式也是唯一的宗教。

主教和教士们现在可以大摇大摆走在各个城镇里,甚至进军乡村,大肆摧毁异教的寺庙。这是三大元素的第一个连结:罗马帝国变成了基督教的天下。

这时候的教会跟早期教会已有非常大的不同。一开始,基督教团体是在私人屋宅里聚会,如今,三四百年之后,他们已有完整的层级组织:堂区司铎(神父)、主教、大主教,神职人员不但是全职,还有薪

图1-3　君士坦丁大帝 (272—337)，公元313年赋予基督教合法地位的罗马皇帝。

资可拿。其中一名主教，也就是罗马的主教，更让自己坐上教皇的尊座，掌理了整个教会。这个教会有它自己的法律制度，也设有法庭、监狱以执行法律。而教会不只管教务，还管到其他重要大事，例如婚姻、继承。教会也有它自己的税收体系，因为所有人民都有义务掏钱来供养它。

罗马帝国灭亡后，教会幸存下来——俨然一个独立政府。教皇和罗马帝王的角色平起平坐，治理麾下所有层级的文武百官。造成这个组合体的第二个连结就是：教会变成了罗马人的教会。

从利用到融合

罗马帝国崩灭后,教会把希腊和罗马的学术保存了下来(它先前就已经这么做)。这是个令人惊讶的发展,因为古希腊和罗马的作家、哲学家和科学家全都是异教徒,不是基督徒。基督教会为什么要为这些人如此费事呢?教会中有一派说他们不该这样做,因为这些文字记述都是假的,唯一的真理只有耶稣基督。"雅典和耶路撒冷哪有什么关联?"德尔图良(Tertullian,基督教著名神学家)如是说。不过这派观点最后并没有获胜。

基督徒并没有自订一套教育体制,因此,在基督教会下令将这套信仰制度化之初,非常仰赖熟谙希腊罗马传统的高级知识分子的协助。这些人利用希腊的哲学和逻辑学替基督教教义解释、辩护。信奉基督的学者认为,古希腊和罗马的伟大哲学家与道德学家只触及了部分的真理,基督教教义才理所当然是完整的;不过,这些希腊哲学家可以作为引导,让大众走向真理、辨明真理。因此,虽然他们是异教徒,基督教会还是保存了他们的著作并善加利用。
这是第三个连结:基督教会将希腊和罗马的智识成
就保存下来。

日耳曼蛮族侵犯罗马帝国的时候,并没有摧毁
它的意图。他们的目的在于攻城略地,想占夺最肥
沃的土地以安家落户,好好享受人生的美好东西。
他们愿意承认罗马君主的统治权。问题是,在公元
400 年之后,太多蛮族来到,侵占了太多土地,罗马的
君王已落得无辖地可治。事实上,罗马帝国之所以
走到尽头,就是因为疆土已无剩余,没有领地可以统
治了。

至于日耳曼蛮族们,发现必须开始统治自己所
占领的社会,这不但令他们始料未及,而且处境非常
棘手。他们目不识丁,在他们所制造出的混乱中,一
息仅存的罗马政权终于断了气,而商业交易和所有
城镇都在萎缩。各拥武装的蛮族首领们纷纷自立为
王,建立起小邦小国;王国之间自相残杀,迅速楼起
迅速楼塌。在西欧,一直要到数百年后,现代国家的
雏形——法国、西班牙和英国——才终于出现。

处于这些情境下的政府脆弱不堪,弱到连税都

征不到。(在我们看来,这些词汇本身就是矛盾的:一个征不了税的政府!)这位已不光是蛮族首领的日耳曼人现在已化身为国王,他把土地分封给他的战士,而这些战士则化身为贵族,条件是一旦国王需要军队,这些贵族就得供应,要多少就给多少。可是,渐渐地,这些贵族开始视这些土地为己有,对于出兵多少、精良与否、为何出兵,也开始自作主张。

土地你拿去,其他留给我

在今天,各国领袖都会阅兵。他们从三军将士前面走过,状似检查军容,口中偶尔吐出一言两语,这是沿袭早前中古时期的习俗;当时那些国王真的是一面检查贵族派来的士兵,一面自言自语:"这回他们又送了什么废物来?"

国王长年征战不休,原因可能是为了争权,为了保住统治权以免落入贵族手里,为了自订税收,为了拥有一支自己能完全掌控的军队,为了设立自己的官僚体制。可是,因为他们一开始就立足薄弱,有些事永远也威吓不了人。私有财产变得神圣不可侵犯,那些贵族已把借着条件交换得来的土地变成了私有财产。这对政府来说永远是个束缚,因此,虽然欧洲国王的权力日增一日,却不曾演变成东方的专制君王。

东方的专制暴君把领土上的一切都据为己有,如果需要什么物资,只要没收某人物产或派兵到市集拿一堆东西回来就是。反观欧洲的政府,虽然号称"绝对权力",却从未这样做过。"并非所有东西都归国王所有",是欧洲政府思维的基石。从私有财产权出发,衍生出人权观念,是西方价值的核心。政府权力必须有所限制,这样的观念之所以勃兴,其实是因为这些政府从一开始就处处受限。

"对政府有所设限"对经济的发展也有举足轻重的影响。欧洲经济之所以能一飞冲天,成长速度非其他地区所能比拟,"商人有保障"是个关键。

了解这些战士的背景和心态后,对于他们在侵略罗马帝国后纷纷成为基督徒,我们就不至于感到意外。罗马帝国崩塌后,教会是唯一幸存下来的机构。当这帮战士兵临城下打算掠夺之际,前去打交道的常是基督教的主教,他这样说:"河流那头的土

古希腊罗马学术　基督教教义　日耳曼蛮族

罗马帝国变成了基督徒国度
基督教会变成了罗马人的教会
教会将希腊和罗马的学术成就保存下来

日耳曼蛮族变成基督徒

可以得到这个结论：

日耳曼蛮族　支持　罗马基督教会　保存　古希腊罗马学术

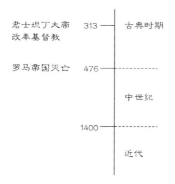

君士坦丁大帝改奉基督教　313　古典时期

罗马帝国灭亡　476

中世纪

1400

近代

地你们可以拿去,但其他的请留给我们。"他遥指的可能是前罗马的总督府,说自己过不久还会登门叩访以协助治理国事,日耳曼蛮族首领想当然耳,也就开始以总督自居。很快地,这些战士就被主教们说服了——主教告诉他们,只要接受基督教的上帝,就更能克敌制胜。这是一群很特别的征服者:他们接受了被征服者的宗教。教会明白告诉这些新来的统治者、国王和贵族,他们的职责之一就是奉行基督信仰。这是最后一个连结点:日耳曼蛮族支持基督教。

如果我们把以上这些连结点做个归纳:

这是个非常怪异的组合,对不对?他们并不是自然而然的结盟,是个不稳定的组合。它最后终于瓦解,但在分崩离析之前,它维系了将近千年之久——从公元476年罗马帝国崩灭开始,直到公元1400年左右。历史学家称这段时期为中古时期或中世纪。有些历史学者采用宏观角度,认为公元1400年即是现代(近代)的起点。以这种观点来看,欧洲历史可分成三个时代:古代或称古典时期、中世纪、近代。

这个怪异的三角组合虽然撑过了整个中世纪，不过个中元素一直在变。就拿基督教来说，不管你怎么定义它，它都不是一个倾向开战的宗教。

耶稣说："要爱你的敌人。"早期的基督徒拒绝服兵役，罗马人会对他们心生疑忌，这就是原因之一。但是，基督徒和日耳曼蛮族现在却是伙伴关系。这种"如果有人打你耳光，你就转过另一边让他打"的宗教，却受到一群好战的钢铁硬汉的撑持，这是何等地矛盾？不过，表面上看似矛盾，其实不然，因为自从君士坦丁大帝改信基督教并定其为正式国教后，这个宗教对于暴力的想法也开始有了转变。既然政府不可能不打仗，教会如果希望得到政府支持，就得点头同意，认可政府有时可以因为公平正义而出兵打仗。

好战者与基督徒的矛盾结合

不过，教会虽然跟蛮族成为搭档，对他们的价值观却不是照章全收。经过几个世纪，这些战士已经演变成骑士。骑士热爱战斗，对自己的战斗能力深

图1-4　法兰克国王查理一世(查理大帝)为骑士罗兰佩戴宝剑;根据传说,罗兰于远征西班牙之役中遭穆斯林(伊斯兰教徒)袭击而亡。

以为傲,但他们是为了正当理由而战。教会鼓励他们去攻打非基督徒——这个理由确实再正当不过。教会也鼓励十字军远征,前往已落入伊斯兰教手中的东方圣地。如果你愿意出征到那边打仗,你会得到特别的奖赏。

骑士也要保护弱者,尤其是保护出身贵族的名门淑女。由于战斗被赋予了这种新的道德意涵,一个男人要借由一种犹如宗教的仪式才能成为骑士。他把剑放在基督教堂的圣坛上,由国王为他佩戴后,这名骑士才能拿它到外头去行善除恶。

保护女士、敬重女士的风范在欧洲文化中源远流长。骑士绝迹之后,演变成为"绅士"风度。绅士

图 1-5 基督教会保存古希腊罗马的学术，用以支持它的教义。

是基督教骑士的后裔，有女士进入屋内，即刻起身以示尊重；女士不落座，自己不可就座，见到女士必须点帽檐致意。这些都是我以前在学校里学到的，而学到后就很难忘记。在这方面，我发现自己活脱是个中世纪的遗迹。

但近代的女性主义者却对这样的尊重抱持不以为然的态度。她们不希望自己被捧得高高的受人致敬，她们要的是平等。在争取平权的运动中，她们占有高度的优势——从高台上起步当然胜过从脚下的平地。由于欧洲文化原本就有这种程度的尊重，大众对女性主义可说是相当平和地接受。这点与其他文化有很大的不同。

　　接下来我们来看看这个组合的另一个紧张关系：基督教会对古希腊和罗马学术进行了积极主动的保存；教会并不光是把一些智慧典籍放在橱柜里束诸高阁。这些文献能够留存下来，让今天的我们有机会拜读，是因为整个中世纪基督教会都在抄写，一再地抄写。当年没有印刷术，书本会腐烂、会枯朽。诸多希腊罗马的珍贵文物之所以留存至今，是拜修道院里的修士之赐，虽然他们常常不知道自己在抄写什么，因此错误百出。

神学为什么这么神？

　　如果光读原始文字，这些文献代表的是一种非属基督教的异教徒的哲学、价值观和人生态度。然而，中世纪的基督教会对知识生活的把持是如此铺天盖地，以至于竟然没有人看过这些典籍原本的文字。教会的做法是截取它想要的段落，把这些断章取义的点点滴滴汇集起来，再将它和摘自《圣经》的段落编在一起，构筑出一套基督教神学，也就是一套

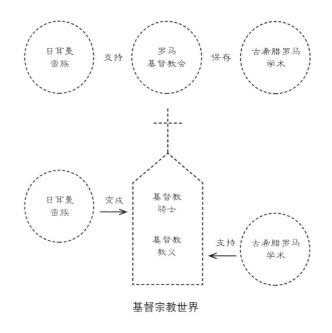

基督宗教世界

关于上帝的世界和上帝救赎计划的记述。如此这般,希腊的哲学思维、学术知识和逻辑观念全都被征去服侍、支持基督教了。若有新发现的古文献出土,这些学者也不惊不扰,把它编进新版的神学里不就得了。

　　我们且将这个组合在中世纪的运作做个归纳。

　　我们知道,蛮族现在变成了信奉基督的骑士,也知道希腊和罗马的学术被拿来支持基督教。而教会,就居于这个怪异的结盟体之间运筹帷幄,努力维系这个体制于不坠。学术是基督教的,骑士也是基督徒,这个世界成了基督教王国,是耶稣基督的天下。

公元 1400 年后,这个怪异的联盟开始崩裂,历史学者所称的"近代"于焉展开。

第二章

神性到理性,科学到浪漫

——近代欧洲

构成欧洲文明的混合体是个不稳定的组合。虽然它延续了很长一段时间——整个中世纪,一千年左右——但组成元素之间并不调和。时至公元1400年,这个混合体开始分崩离析,它的分裂首先始于文艺复兴。

文艺复兴常被描述为古希腊罗马学术的发现或再发现。不过,这并不是说这些智识成就曾经遗失,而今重新被找回,虽然当时确有若干新的发现问世。它的改变在于不再使用古代知识来支持基督教会的神学,而是有许多学者,主要是在教会体系之外,向往希腊和罗马在创造这些知识时的世界样貌而意图加以拟造。他们希望像古代艺术家那样从事艺术创作,希望建造出类似他们的建筑,跟他们一样读写拉丁文,所思所想俱与他们相同。他们想回到过去那个非基督教的世界——但这样的世界已被教会藏匿起来,因为教会只把这些知识利用于遂行自己的目的上。

这也是一个比较"入世"的世界。古典时代的人对死后的生命其实没有那么看重,对人在地球上的所作所为关注更多,他们对人的力量和能耐欢喜拥抱,不会满脑子想的尽是人的邪恶堕落。文艺复兴学者现在进入了一个思想奔放的世界。怎样生活最好,想些什么最好,古代哲学家和道德家早就百花齐放,在观点上百家争鸣,但他们的辩证和推论并没有被传承下来,因为基督教会已经给人民的思想紧紧裹上了束缚衣。

文艺复兴的古典主张

不过,文艺复兴学者并没有直接攻击基督教。他们的个人态度或有不同,但大致上对基督教采取的观点颇类似于古人的宗教观,那就是:宗教是个基本的存在,大体而言是件好事或者说有存在的必要,只是世界上还有更多的事情值得关注。宗教不该钳制生活和思想的一切,而这正是教会一贯的目的。这样的钳制一旦被打破,欧洲的思想反而变得比过去更大胆开阔、天马行空。

随着文艺复兴来到,欧洲社会开启了它漫长的世俗化过程。在世俗的世界里,宗教可以存在,但是属于私人事务,或是一群人受到某些信念所吸引的结社团体——就像我们今天的世界。宗教不能左右社会,不能强制每个人遵守规定和仪式,也不能宰制思想。

文艺复兴的结果是,身处某种文化和传统的人,靠着思想让自己迈入另一种文化和传统。一旦跨过这条分界线,你就永远不一样了。任何东西都不再

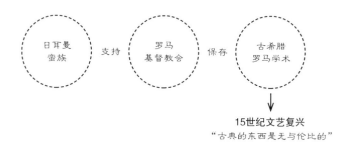

日耳曼
蛮族 —支持→ 罗马
基督教会 —保存→ 古希腊
罗马学术

↓

15世纪文艺复兴
"古典的东西是无与伦比的"

是不变的。欧洲的思想家震撼于文艺复兴时期所带来的冲击，而这并不是它最后一次发生。

最开始把希腊和罗马年代称为古典时代的，就是文艺复兴时期的人。古典在此处意味着经典、最优，例如我们说经典的接球、经典的演出，是种无法超越的精彩。他们相信，古人在文学、艺术、哲学和科学方面的成就一直无人超越，未来也无可超越。至于他们自己，能够庶几近之也就不错了。如此这般，欧洲这个组合体就因为"文艺复兴"的这个信息——古典的东西是无与伦比的——受到了干扰。

西方人现在计算年代的方法是建立在两个不同的基准上，这不啻是代表：这个文明的本质是个混合体。制定公元年份是从基督诞生的那年起算，这表示西方人依然承认自己是基督教文明的一部分。AD

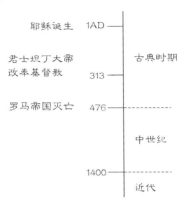

公元年份 (AD，救世主出世之年)　时代

耶稣诞生　1AD

君士坦丁大帝
改奉基督教　313

古典时期

罗马帝国灭亡　476

中世纪

1400

近代

是拉丁文 Anno Domini 的缩写,意思是救世主出世之年(事实上耶稣并非诞生于公元元年,生于公元前6年或前4年更为可能)。不过,我们把历史划分为几个时代——古典时期、中世纪、近代,就跟基督教毫无关系了。这是文艺复兴时期的观点,意指古典世界已臻于完美的巅峰,之后人类逐渐偏离了正道,就此跟宝贵的遗产失却了联系。这段"暂停"时期就是所谓的中世纪,也就是基督教会在智识和社会生活上实现全面操控的时期。因此,古典时期、中世纪和近代的区分,和基督教是不相干的。

行动像天使,悟性像神明

有三件雕塑作品可以显示古典时期、中世纪和近代这三个进程的转折(见下页)。第一件是一尊古希腊雕像,留存至今的希腊原始雕像屈指可数;我们今天看到的通常是罗马人的复制品,品质很难和真迹相比。这尊雕像出自普拉克西特列斯(Praxiteles)之手,雕的是赫尔墨斯(Hermes)握抱着婴儿酒神狄俄尼索斯(Dionysus)。人体是完美的,这个观念是希腊的发明之一。一如艺术历史学家肯尼斯·克拉克(Kenneth Clark)所言,裸体像和裸露的身体是有分别的。裸体像本身展现的是丰富的力与美,它是一种恰到好处的状态;裸露的身体就只是没穿衣服而已,而且因为没穿衣服而显得自曝其短。

当然,大部分的男体看起来并不像那尊雕像;希腊人的目的不是要展现哪个人的躯体,他们的用心是从人体中找到完美,并且利用数学算出至为赏心悦目的比例和线条。

第二件雕塑作品呈现出中世纪的人体观。这是德国希尔德斯海姆（Hildesheim）教堂大门上的人物画，它刻画的情景，是亚当和夏娃吃下了上帝告诫他们不能吃的水果。亚当在责怪夏娃，夏娃在责怪毒蛇，两人都为自己的赤身露体感到羞愧，拿手遮遮掩掩。

这明显不是裸体作品，它们是基督教义的具体展现，表示身体是邪恶的，是罪恶的根源。

第三件是文艺复兴时期的米开朗琪罗（Michelangelo）的作品，他将自己投射为希腊古人，重拾他们对裸体的概念。他所雕刻的大卫像是公认的完美人类形貌；人类是尊贵、高尚和美的化身——一如哈姆雷特所形容："行动多么像天使！悟性多么像神明！"

图2-1　普拉克西特列斯所雕的赫尔墨斯（左）；希尔德斯海姆教堂青铜大门上的人物画，上帝在责怪亚当和夏娃（中）；米开朗琪罗的大卫像（右）。

从裸体作品到罪恶的赤身露体再回归裸体作品,可以代表古典时期到中世纪再到近代的意涵演变,而这正是文艺复兴对自身的理解。

耶稣早就警告过……

文艺复兴是中世纪世界遭遇的第一个重大冲击,16 世纪的宗教改革运动是第二个,这回是对基督教会的直接攻击。宗教改革的目的,是要基督教会回复到尚未罗马化之前的样貌。我们说过,基督教会因为跟着罗马帝国一起成长,各种特性深得罗马真传;在罗马帝国灭亡后,教会的教皇依然屹立,地位俨然君王一般,而总主教和各教区的主教,也犹如古罗马帝国的行政百官,辖下更有不计其数的地方神父。这个圣职体制不单有自己的法律、刑罚和监狱,还有自订的税收制度。

教皇和主教团掌理着整个教会,教义也由他们制订。教会可以给你救赎,可是必须透过它所掌握的东西来运行。你要得救,非得靠神父和主教不可。你必须领圣餐、参与弥撒,还需要神父替你变魔术,把面包和酒变成耶稣基督的血和肉。你需要神父听你忏悔,赐你宽恕,教你如何赎罪。神父可能要你念百遍千遍的圣母玛丽亚或指示你去朝圣,或者如果犯行重大,会要你到圣坛之前乖乖接受鞭笞。如果你是有钱人却快死了,他可能会斩钉截铁地告诉你,除非你把大笔财富留给教会,否则你进不了天堂。

在中世纪,大部分的神父、主教和总主教加入教会,并不是因为宗教情怀或特别虔诚;他们加入教会,是因为它是当时最庞大也最有钱的组织。领圣职就跟今天你去当公务员、进大公司、进政坛或进大学没有两样,可能是为了一份稳定的差事、有兴趣的工作或高薪,也可能是为了吃香喝辣、施展权力。在教会里,你有的是机会捞油水、发横财,还能替亲戚朋友谋职找事,让他们鸡犬升天。

可是,这个巧取豪夺、富有又腐败的组织,却也是耶稣教诲以及早期基督徒言行记录的保存者。耶稣和他的门徒出身卑微,如今教皇和主教们却高居庙堂之上。耶稣早就警告过拥有财富的危险,而早期基督徒聚会都是在自家或别的信徒家里。《圣经》上对这些都有明文记载,因此,教会保存的圣典文献若是落入了反对基督教的批评者之手，很可能会变成引爆的炸药。

那么，教会是靠什么手法，可以避开这种破坏性的批判这么久？

马丁·路德之时势英雄

《圣经》是以拉丁文书写，因而极少人能够阅读。教会说，自己是第一个也是最后一个解读《圣经》的权责单位。任何人要是利用《圣经》去批评教会的训示或作为，就会被当成异端绑在木桩上烧死；换句话

图2-2　马丁·路德画像，德意志宫廷画家卢卡斯·克拉纳赫（Lucas Cranach）绘于1532年。

说,你要是非信徒,不但会害了自己,对基督教也会造成威胁。可是,到了 16 世纪,有个"异端"却逃过了一劫,他的名字是马丁·路德。

马丁·路德是个修士,对自己的宗教非常认真。他对自己的救赎充满煎熬:"我,一个满身罪恶的人,必须怎么做才可能得救?"一天,他读到《圣经》中保罗写给罗马教会的书信,顿时豁然开朗。保罗说:"你只要相信耶稣基督就能得救。"马丁·路德从这句话里做出推论:

> 你根本不必做任何事就能得救,尤其不必对神父的指示言听计从。你只要相信上帝、抱持信仰就行了。

"因信称义",是路德教派的中心教义。只要相信基督,你就能得到救赎。当然,作为信徒,你会乐于去做让上帝高兴的事,一如教会所说,要行善积德,去做一些耶稣说我们该做的工。可是,行善积德本身并不能帮助你得救。

这是新教和天主教教义的基本分野。罗马天主教强调,行善积德是得救的一个过程;朝圣、施舍钱财给穷人,都有助于你的最终目的——与上帝同在。但马丁·路德说不是这样的;就凭我们,浑身罪恶又腐败的我们,哪有可能做出什么让上帝高兴的事情来?我们唯一能做的就是崇信上帝,而只要我们崇信他,上帝就会让我们得救,这是他做过的应许。

这算是一种反求诸己的宗教。马丁·路德说,罗马教廷花了几世纪建立的一个庞大机制,根本毫无必要,但罗马教廷对这个观点并没有虚心受教。教皇驳斥了马丁·路德对教会的批评以及他对救赎的新见地,而马丁·路德也强烈谴责教皇作为回复:

> 这人以为他是谁啊?他告诉我们,他是耶稣基督在世间的代表,但他其实是耶稣的敌人,是个反基督之道而行的人。他过着奢华的生活,头戴着三重皇冠,你来到他面前必须亲吻他的脚趾头,要行动还得仆人高举过肩,而我们从《圣经》上知道,耶稣基督都是靠着两条腿行走四方。

《圣经》，是马丁·路德据以批评教会的关键。如果《圣经》上没写，教会就没有理由去坚持或执行哪个训令。《圣经》是唯一的权威。和罗马教廷决裂后，马丁·路德第一件事就是把《圣经》翻译成德语，使得人人都能阅读，成为自己得救的主人。

宗教改革运动，是以《圣经》的训示和教诲为据，对罗马教廷进行改革的运动。它希望重塑早年的教会生活。宗教改革所带来的信息是：基督教并不是罗马人的宗教。

既然异端必须受火刑烧死，马丁·路德是如何逃过这个劫数的呢？有好几个原因。第一，拜印刷术发明之赐。马丁·路德对教会的批评和谴责立刻被印成文字，传遍了整个欧洲。马丁·路德开始抨击教会之时，印刷术还是个新发明，问世不过五十年；教皇要打压马丁·路德的计划还没成形，他的大名已是尽人皆知，每个人都在拜读他的批评文章。在过去，也曾有许多异端在一国之内带领着一小撮跟随者，但马丁·路德不一样，他很快就拥有了大批随众，国内国外都有。

马丁·路德攻击罗马，一些德意志王侯见猎心喜,是他能幸免于难的另一个原因。当时的德意志并不是一个单一制国家,它是由许多小国组成的邦联。罗马教廷在德意志的影响力要大过在英国、法国,这即是部分原因——英国和法国是统一的国家。在德意志,教会握有广大的土地,在有些地区甚至占据泰半;剥削人民、聚敛钱财不说,各教区的主教也由教皇任命,这些王公贵族全无置喙余地。若是跟着马丁·路德走,他们便可占据教会土地,任命领地内的主教,对罗马停止金钱捐输,于是,这些王族成了马丁·路德的保护者,并在领土内广建路德的新教教会。日耳曼民族有一半的土地都设有新教教会,路德派教义也从现在的德国北传到了瑞典、丹麦和挪威。英国则是创立了自有的新教品牌,称为英国国教。

两派人马从相残到相容

罗马教廷的敌人很快就变得不止一个。新教教会的形式不一而足,因国家而异。它们在自己的国家里自给自足,建立起一系列教会,天主教会则是个跨越多国的庞大组织。平民百姓在受到马丁·路德和其他改革者鼓励而自己阅读《圣经》后，不久也从中找到批评马丁·路德的理由。在宗教改革运动中，由于再也没有一个统一的权威去诠释《圣经》、监督信仰，新教会不断增设，也不断被淘汰。

一百多年间，罗马天主教和新教就这样互相攻伐，甚至不惜兵戎相见。两方都认为对方大错特错，都不认为对方只是不同种类的基督教，甚至不只是非基督教而已，而是以反基督、真正教会的敌人视之，唯有另一方被消灭，真正的教会才能存续，这种认可杀人的教义引发了屠杀——与其让天主教徒或新教徒去传扬一种完全抵触上帝的训示，而使得他

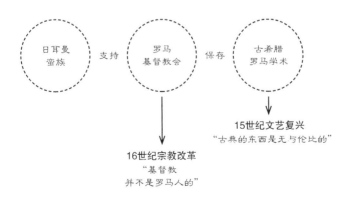

在世间的教会受到伤害,不如把对方给杀了来得好。不过,在互相残杀、谁也没胜过谁的百余年后,两方终于达成长期的休兵协议,包容的观念也逐渐成形。

首先,双方同意某些国家可以信奉新教,某些可以信奉天主教,接着——这是一大跃进——同一国里不同的基督教派也可和平共处,虽然一开始,新教徒和天主教徒对这个可能性都不敢置信。

文艺复兴和宗教改革都是向过去看齐的运动,两者皆是意图将欧洲这个混合体的某个部分分离出来。文艺复兴着眼的是古希腊和罗马的智识成就,新教改革者则是频频回顾罗马教廷承袭罗马习性之前的基督教会。天主教教会保存的文献在这两个运动中都占有核心地位。它所保存的希腊和罗马学术,被文艺复兴运动拿来规避它对知识的钳制,而它所创造并予以神圣化的《圣经》,则被新教改革者拿来颠覆它的神学和单一性。

牛顿、达尔文让谁低头?

现在,我们要来看欧洲文化是如何从"回顾"演变为"前瞻",看它何以开始相信进步,相信假以时日世界会变得更好——这是一种很奇特的信念。相信进步,是17世纪科学革命的结果。这段时期是现代科学的发轫期。

17世纪伊始,希腊人在解释宇宙及其运行方面依然是权威。他们的基本观念是:地球是宇宙的中心,其他所有星球都是环绕地球运行,包括太阳和月

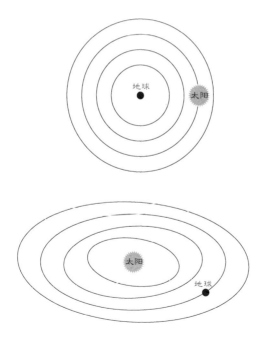

亮。根据希腊人的说法,地球是静止不动的;它看来不像在动——有什么力量可能动得了它呢?所以它是静止的。

而地球是个不纯净的境域:地球上的东西会改变、会腐朽,天空却是纯净、完美、永恒不变的。而其他星球为什么要以圆周绕行地球呢?因为圆形是个完美的形状。这是希腊几何学说的一部分,认为世上有完美的形状存在,正方形是其一,圆形也是。因此,星球会以圆周绕行地球,而既然天空是个完美境域,它们并不需要任何外力推动。星球以完美的圆周绕行,和谐自得。

这个观点在17世纪被推翻了:太阳才是这个天体系统的中心,各个星球环绕着它运行,但不是以正圆形而是椭圆形运行;地球是环绕太阳旋转的星球之一,而月亮是环绕着地球旋转。这个天体系统是单一的体系;所谓的不同界域、不纯净的地球和纯净天空之说已成过去。它从头到尾就是一个体系,只要一条法则或一套定律,就可解释全部。

是什么在推动地球和其他星球呢?根据科学家牛顿(Isaac Newton)的说法,答案是:宇宙的万事万

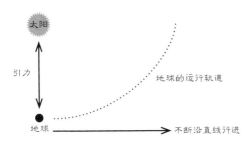

太阳

引力

地球的运行轨道

地球 —————→ 不断沿直线行进

物,除非受到外力作用,否则都会以直线状态持续运动下去。而宇宙所有物体之间都有一股互相吸引的重力作用其间,就是一种永远都存在的引力。所有的物体都会互相吸引:这本书被地球吸引,月亮被地球吸引,地球被太阳吸引。地球上的海潮起起落落,也是因为地球和月球之间的引力变化所致。这个单一体系把所有的物质都吸聚在一起。

我们现在知道,星球为什么那样运转。有两股力量在运作,一是它本身以直线行进的倾向,一是被太阳吸引的倾向。两种倾向拉锯的结果,星球的运转就变得倾斜,绕行太阳的轨道因此是椭圆形状。

牛顿把这种存在于所有物体之间的相互吸引称为"万有引力",利用万有引力定律,可算出任何两种物体之间的引力。这个定律可以用数学公式来表示。这个定律说,物体质量越大,引力就越强——它跟物体的质量呈正比关系。而物体之间距离越大,引力就越弱——它跟物体之间的距离呈反比。

因此,若是两个物体的质量增加,引力就变大,两者越离越远,引力就减少。事实上,当两个物体分开,引力会以极快的速度减少;降幅是两个物体之间距离的平方。因此距离如果加倍,会让引力减弱四倍(2×2)。

$$F = G \frac{m_1 \times m_2}{r^2}$$

公式:
F = 两个物体间的引力
G = 万有引力常数
m_1 = 第一个物体的质量
m_2 = 第二个物体的质量
r = 两个物体之间的距离

以上是它的公式。牛顿利用它算出了地球和太阳之间的引力。

这样的等式提醒我们:数学确是科学的中心,希腊人的直觉果然是对的——这个世界是简单的,它的运行规则可以用数学来表达。17 世纪的科学家推

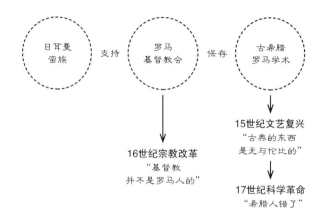

日耳曼
蛮族 ⟶ 支持 ⟶ 罗马
基督教会 ⟶ 保存 ⟶ 古希腊
罗马学术

16世纪宗教改革
"基督教
并不是罗马人的"

15世纪文艺复兴
"古典的东西
是无与伦比的"

17世纪科学革命
"希腊人错了"

翻了希腊的宇宙说,但他们之所以推翻得了,用的还
是希腊的数学方法。

　　从我们的位置——地球,距离太阳第三远的行
星——却能发现这整个天体系的运作,是何等伟大
的成就!在过去,人类把自己放在宇宙的中心位置,
根据自己的直觉推断地球恒常静止不动,是多么理
所当然,对一流希腊头脑思索出来的学说尊崇有加,
又是多么恰当;但17世纪的科学却与这种种趋向反
道而行,获得了最后的胜利。

　　科学革命带来的信息是:希腊人错了。对古典
的极力尊崇就此打破,我们不但追平了他们,甚且超

越了他们。这些科学家多么聪明啊,可是他们的聪明带来了什么? 他们发现,人类并不是宇宙的中心;人类其实微不足道。这是西方普遍面对的困境:我们很聪明,可是我们不断在发现自己的无足轻重。但更惨的还在后头,19 世纪,达尔文把这个论点延伸得更远:人类跟猿猴来自同一个祖先。这对人类本身和人类的傲慢来说,都是更大的棒喝。我们不是宇宙的中心,不是什么特别的生物,我们只是借由一种偶然机制,从动物王国里繁衍出来的后代。

对于太阳是宇宙中心,地球围绕着它旋转的新学说,不管是新教或天主教教会,一开始都抱持反对的立场。《圣经》说,是上帝创造了地球,接着在地球上空装置了太阳、星星和月亮,但教会最后也不得不低头,宣布这些科学家才是对的——就跟他们最初驳斥达尔文一样,结果两次都威望大失。

法国启蒙运动——你会在哪里找到"上帝"?

科学革命之后,那个时代的人并不认为科学的种种发现贬低了人的重要性。恰恰相反,他们认为,如果人类做得到这一步——借由理性思索出整个自然体系的运作，又能用数学精确表达，当然就可以利用理性更上层楼。我们可以把这份理性用于人类生活，让它得到脱胎换骨的改善，这份以理性为尊的渴望，就成了启蒙运动的驱动力。

这场18世纪的智识运动，目的是发挥理性，将它运用在政府、道德观念、神学和社会的改造上。

启蒙运动从法国发端，声势也最为壮大。在启蒙运动的学者看来，这是个受无知和迷信宰制的世界。社会有两股非理性的强大势力，一是教会，即天主教廷；一是法国国王，那位绝对专制的一国之君。教会和法国国王的地位之所以屹立不摇，靠的就是人民的无知。

教会到处兜售奇迹故事，为了让人民听话，恫吓要让他们永远在地狱受苦；法国国王指称自己治国是奉上帝的神谕，质疑王权就是违反教义，人民除了乖乖服从别无选择。启蒙运动的一位推动者如此归结该运动的诉求："我希望看到最后一个国王被最后一个神父的肠子给绞死。"

无可否认，这是很极端的看法。启蒙运动不是革命运动,甚至不是政治性的运动。它由一群学者、作家、艺术家和历史学家推动,这些知识分子相信,一旦理性与教育变得普及,迷信和无知自然消弭于无形,人民也就不会相信神迹或君权神授这类胡说八道。只要人民得到教化,民智自然开启。

不过,启蒙运动的领导人物并不是民主主义者;若是哪个开明的君主愿意开始推行他们规划出的理性社会,他们乐见其成。18 世纪欧洲有几位君主,确实做到了世称的"开明专制"。他们废除了野蛮刑罚和酷刑,将法律诉诸明文,开始以具体的作为教育人民。

法国启蒙运动的伟大成果,是汇整出一部百科全书。这是第一部具有现代概念的杰作,而它之所以著称于世,并不是因为一些学有专精的学者,将它写成一本四平八稳的权威著作,一如我们今天对百科全书的认知。它的根本不同在于将理性用于一切事物,让知识领域里没有层级之分。它并不是像教会原本希望的,从神学和上帝写起。在这本百科全书里,你会在哪里找到上帝呢? 在 D(Dieu,神)和 R(Religion,宗教)字首的条目下。这是一套以字母为索引的知识库,光是以字母排序这个动作,对号称掌握最高真理的教会来说就是一大冲撞。它对所有知识一视同仁,施予同样的理性测试。

举例来说,谈到崇敬(adoration),这套百科全书的建言是:"对真神的崇敬应该不偏离理性,因为神是理性的创始者……"

对于直接冒犯教会或国王之处,这套书的编者必须非常小心,因为18世纪的法国还是有审查制度,虽然主事的审查官对编著抱持同情,曾经建议他们将印版藏在审查官的家,因为那里是最安全的地方!只要看"诺亚方舟"这一条,就知道这套百科全书踩了多少地雷。它劈头就问:诺亚方舟有多大呢?一定很大很大。它必须容纳不只欧洲所有成双成对的动物,连世上其他品种的动物也得在船上。而且不止是动物,方舟里必须装载许多饲料,动物才能存活。两头羊不可能足够;要养活那对狮子势必得有数百头绵羊。这艘船一定非常巨大,《圣经》却说只要四人就能操控。这些人想必是力大无穷、三头六臂! 透过这些看似正经八百的提问,这套百科全书凸显出了故事的荒谬。

相信进步或相信循环

说上帝是创世者或在宇宙开天辟地之初是推动者,启蒙学者不见得会反对这样的说法。他们反对的是现在被世人斥为迷信的东西,以及教会以迷信来宰制人民思想的行径,教会告诫人民,不服从就要下地狱遭火烧,他们对此深恶痛绝。

启蒙运动的信息是:宗教是迷信。因此,尽管宗教曾是欧洲文明的核心,现在也不得不靠边站,由理性取而代之。跟着理性和科学走,未来就有进步。这个箭头(见下页)带我们跳出了这一页,也带我们脱离黑暗,走向光明。

进步是个新观念。古代的人不相信有进步这回事。他们相信天道循环,有荣就有枯;所有的组织和社会在青壮之年都是蓬勃焕发、朝气十足,但之后就自然进入腐朽过程。

历史的推进就是一个个这样的循环。教会也不相信进步,或者说不相信人类可以不靠上帝,光凭自己的努力就能进步,因为它相信人类基本上是邪恶

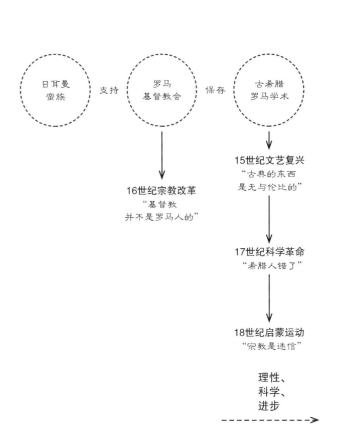

日耳曼
蛮族

支持

罗马
基督教会

保存

古希腊
罗马学术

16世纪宗教改革
"基督教
并不是罗马人的"

15世纪文艺复兴
"古典的东西
是无与伦比的"

17世纪科学革命
"希腊人错了"

18世纪启蒙运动
"宗教是迷信"

理性、
科学、
进步

的,光靠理性作为人类的导引,绝不可能创造出完美的社会。

"浪漫"源自德意志?

启蒙运动种种理念受到的第一个试炼,是18世纪末的法国大革命。遗憾的是,尽管对理性抱持高度期望,法国大革命在国王和教会双双被扫除之后,并没有带来一个民智洞开的新纪元,反而带来流血、暴政和独裁。不过,这个怪异混合体的最后一个元素在此之前便已失去了停泊的依靠,这是18世纪末期至19世纪初叶浪漫主义运动的结果。

浪漫主义运动崇尚感受、情绪以及所有强烈的情感。在这方面,它和一心一意信奉理性的启蒙运动形成截然的对比。这场运动延烧整个欧洲,但尤以德意志地区(主要包括今日德国)为烈,理念在此也得到最充分的发挥。浪漫主义的信徒并不想用理性去控制情绪和激情。在他们心目中,光是优雅地将古典曲调重新演绎出来,称不上是伟大的作家或艺术家;穷尽灵魂、掏心剖腹地将热情、痛苦、绝望赤裸裸地摊在第一线的才是。艺术应该是情感激荡、表达淋漓、惊天撼地的。

德意志发展出的这些观念，是刻意针对法国启蒙运动观念而发。德意志人说，你不能拿抽象的语汇空谈人类和社会，因为人是不一样的，端视你生长在什么国家而定。浪漫主义的信徒说，我们的语言和历史塑造了我们，这些东西深植我们体内。因此，有自己历史和语言的德意志人，永远都跟法国人不一样。在沙龙里谈天论地的法国知识分子相信一种普世的理性，但那是不存在的。身为德意志人，我们要把德意志人的特质找出来。

德意志人希望知道，早期日耳曼民族在跟文明、罗马以及天主教会混合之前是什么模样。他们想把日耳曼民族从这个组合当中抽离出来。他们喜欢这些出身草莽的祖先，喜欢他们的活力、生命力和朴拙，他们不想跟着软趴趴的知识分子走，他们以过去那些亲近土地、深谙德意志人原本面貌的日耳曼先祖为荣。

现代社会对文化的兴趣和尊重就发端于这个转折点上，历史上头一遭，知识分子开始搜集民俗文化。对于傲慢自大的法国知识分子关于理性的夸夸之言,他们的答复是:穿上你的靴子去走走路吧,走向平民百姓,走向农村耕民,记下他们的故事和歌谣,从中你会找到真正的启迪。浪漫主义的信息是:文明是人为的,它束缚了我们、局限了我们,唯有活在传统文化当中,你才算是活得完整。

从此,这个观念就一直深植西方社会。19 世纪有一次重大的爆发,采取的形态之一是呐喊自由解放:让我们甩掉所有的规范,让我们活得简单、直接、自在,让我们自己耕种、自己织布;让我们蓄发蓄须、住在公社里,让我们诚实面对自己的情感,人与人之间坦诚相见。还有,让我们接近更真实的人——劳工、农民或是“高贵的野蛮人”。

浪漫主义运动也催生了民族主义的意识形态,这个观念在当今世界依然是一股强大的力量。民族主义主张,拥有相同文化和语言的民族必须生活在一起,成立自己的政府。光是闭门造车、空想好的政府是不够的;而如果这个政府不是由你自己的民族所组成,它也不可能是个好政府。塞尔维亚人必须住在一起,成立塞尔维亚政府;克罗地亚人必须住在一起,自组克罗地亚政府。要是一个国家有塞尔维亚人又有克罗地亚人,这表示不管是塞尔维亚人还是克罗地亚人都无法充分表达自己。塞尔维亚民族的精髓不可能开花结果,除非它有自己的国家。这是民族主义的意识形态。

浪漫主义崇尚情感、文化、民族主义和自由解放,图中和这个箭头背道而驰的是理性、科学和进步。(见下页)

我们的图到此完成。你可以看到,公元1400年之后发生了什么事。在图的中央,曾经贵为中世纪文明中心的教会,现在是一片空白。文艺复兴、宗教改革、科学革命、启蒙运动、浪漫主义运动,各以不同方式削减了教会的权威。

这个教会,也就是如今的罗马教廷,至今依然拥有些许权威,而如果你是个思想开通的人,说不定还是认为教皇受到抨击不无道理。每个思想开通的人都知道节育是好事,可是这位教皇说,节育违背了上帝的教示,任何现实的考量都不能让它成为正确,就算西方大部分天主教徒在这件事情上没理会教皇的意见,教皇还是一直认为节育是错的。不过,大体说来,我们一直走在一个重大的世俗化过程中。

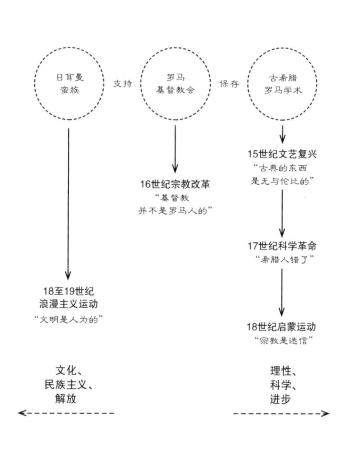

欧洲的宿命:分裂、撕扯、困惑

一边是科学和进步,一边是感情和解放,这两股孪生力量迄今依然强劲,有时彼此强化,有时互相对立。我们且来看看,这两股力量是如何分裂我们的。首先,来看《圣经》这段创造人类的记载。

> 耶和华用地上的尘土造人,把生命的气吹进他的鼻孔,他就成为有生命的人。耶和华在东方开辟伊甸园,把他造的人安置在里面。耶和华说:"那人独居不好,我要给他造一个配偶帮助他。"耶和华使他沉睡,他就睡了;于是取下他的一条肋骨,又把肉合起来。耶和华用那人身上所取的肋骨,造成一个女人,领他到那人跟前。那人说:"这是我骨中的骨,肉中的肉,可以称他为女人,因为他是从男人身上取出来的。"因此,人要离开父母,与妻子联合,二人成为一体。

要是我提议,我们抛开生物学和演化不谈,在学校里专教这段章节,你觉得怎样?"不行不行。"你一定会这么说,因为你是个进步的文明人,这就是我们所说的教育的功能;要是父母希望自己的小孩了解《圣经》这段记载,他们可以自己教。那要是我们在学校里既保留生物学和演化的课程,同时也教上述这段章节,你觉得如何?"不行不行。"科学显示我们都是从动物演化而来,而且这世上到处都有笃信上帝造人的疯狂信徒,让他们趁着这个缺口进入学校殿堂,代价我们负担不起。

现在,来看看以下另一个故事,这是澳大利亚土著人的传说。

很久很久以前,有个老人非常喜爱他的侄儿,年轻侄儿远赴异国,爱上了一个女孩。这一对情侣后来私奔,可是被当地部落的长者追到,因为女孩已经许配给部落的一个老人,于是他们用矛射死了年轻人。

老人听到噩耗后非常伤心,因为他非常爱他的侄儿,虽然他很老了,还是跋涉到那个国家,打算把尸体带回故乡。

尸体对这位叔叔来说是个重负,因为老人家年事已高,而他的侄儿已近成年。可是他办到了;他把尸体带回故乡,好好埋葬了。直到今天,你依然看得到老人行脚的踪迹。在他中途将尸体放在沙地歇息的地方,你会发现喷泉;在他放尸体的岩地,你会发现水潭,装满了老人的泪水。

传统土著人住在一个魔幻世界里,他们土地上的每样东西都有一个故事,将他们的生活和祖先串连在一起。你认为这样的故事应该保存吗?"应该。"你会说。应该讲给土著人的小孩听吗?"当然应该。"学校应该教他们这些吗?"应该。"而学校确实有教。

假装我是启蒙时代的人,我会说:"如果孩童想知道喷泉和水潭的来源,他们应该去读地质学。"

"什么?"你会大声反驳我,"这不是重点。"

如果我继续假扮启蒙时代的人，我会说："土著人活在黑暗和魔法的恐惧当中。"你不会听得进去，因为你已经被故事迷住了。从这些故事听来，土著人的生命似乎更完整，更健全，更贴近自然，因为你迷失在浪漫情怀里。

你似乎被分裂成两半。对我们的孩童，你希望他们懂得科学就好，可是你也羡慕那些传统信仰没有断裂的人。

被分裂、被撕扯、被困惑，是欧洲的宿命。其他的文明只有单一传统，不是这种具有三重元素的大拼盘，欧洲在道德和智识生活上一直受到煎熬、困扰和瓦解。欧洲的血统来自一种非常混杂的渊源，没有一个可以称为"家"的地方。

间奏篇
古典情怀今犹在

文艺复兴时代的学者和作家认为，他们或许做得出能与古希腊罗马匹敌的艺术、文学和学术，但绝不可能超越。他们因此称之为古典，意思就是经典的、最优的。

古人与现代人的成就孰优孰劣，世人辩论长达两百年之久，直到 17 世纪，希腊关于太阳、地球、星球和星宿的科学观被证明是错误的，这场争辩才告停息。自彼时起，大家对古典就减少了尊敬，转而把更多希望放在现代人可能有的成就上。不过，就某些领域而言，我们的起点依然是希腊罗马的书写者。当我们注视着这些巨人，还是可能油然而生"古典情怀"。

希腊雅典的三大哲人:苏格拉底、柏拉图、亚里士多德,在哲学方面举足轻重。有人说过,整个西方的思想传统无非是柏拉图的注脚。这三人之间关系密切,苏格拉底借由"思辨"宣扬哲学观点,柏拉图是他的弟子,将老师的思想与对话记录下来,亚里士多德则是柏拉图的学生。

苏格拉底的问答

苏格拉底并没有说他教的是真理,他只是奠定了迈向真理的方法,基本上就是质疑一切、任何事物不能只看表面,他认为一般人的意见并不具备理性基础。他会问这种看似简单的问题:什么叫作好人?弟子回答后,他就告诉对方,这个答案哪里有个大漏洞。对方或许会再次反驳,不过这次比较谨慎;接着是更多的询问、更多的修正。苏格拉底认为,如果你的心智清明而敏捷,终究会掌握到真理。不必上穷碧落下黄泉,或是做什么研究。真理是存在的,但你必须耕耘你的心智,才能掌握它。

直到今天,这种方法依旧冠有他的大名:苏格拉底问答法。照理说这应该是大学教师的教学指南——老师的角色不是制定规则,而是帮助学生清楚思考,从讨论中得到丰硕的成果。因此,一段师生的对话可能类似这样:

老师:艾曼达,什么是革命?

艾曼达:以武力推翻政府。

老师:如果这个国家本来由某个国王统治,结果国王的弟弟杀了他篡位为王,这算是革命吗?

艾曼达:噢,那不是。

老师:这么说,并不是所有以武力推翻政府的情况都是革命?

艾曼达:呃,对,不是所有这样的情况都算是革命。

老师:那,除了武力推翻之外,还需要什么条件才能造成革命呢?

这种问题是有陷阱的。头脑灵光的人不必懂太多,就能对这一套得心应手。

苏格拉底、柏拉图和亚里士多德是公元前 5 至前 4 世纪的人,住在当时奉行民主的雅典。他们都是民主制度的批判者,苏格拉底因此得罪了雅典的统治者,以藐视神明和腐蚀年轻人道德的罪名被送上法庭接受审判。他的答辩是:他又没有硬要什么人接受他的想法,他只是提出质疑,好让他们以理性为依据去相信自己的信念。由 501 位市民组成的陪审团判他有罪,不过正反两方人数相当接近。

接下来,陪审团要决定该对他处以何种刑罚。检察官要求判处死刑。这时候,大多数被告都会赶紧表达歉悔,甚至把妻儿都搬出来,恳求轻罚,但苏格拉底却拒绝屈膝求饶。

他问,对于一个鼓励你追求心灵和道德进益的人,什么是适当的刑罚?或许你该供养他一辈子才对!你们也许可以选择流放我作为惩罚,可是把我逐出这个城市,我到其他城市还是会这样做。苏格拉底说:"不管我在哪里,不提出质疑,我就活不下去,没有省思的生活不值得活。你们也可以对我处以罚款,可是我什么也拿不出来,我不是有钱人。"他的弟子对他的态度心急如焚,跳出来说愿意替他缴交高额罚金,不过,不令人意外地,陪审团判了他死刑。

在雅典,死刑通常都是立刻执行,这次却往后推迟了,因为宗教庆典的关系。苏格拉底大可趁机潜逃,说不定那些官员还暗自希望他逃之夭夭,但他却拒绝逃跑。他问:"既然我不能永远活着,那又何必苟且偷生?活着不是目的,好好活着才是。我曾在雅典的法治下过着很好的生活,如今我已准备好接受惩罚。"直到最后一刻,他还是充满了哲学思辨。直到他的镣铐被取下,他还在发表高论,说痛苦和享乐只是一线之隔。

他被判处服毒芹汁自绝,必须在一日将尽时服下毒药,他的弟子求他晚点再喝,现在太阳还没下山呢!苏格拉底回复道,要是他这样偷生,自己看了都觉得荒谬,他平静地接过毒药一饮而尽,全无半点神伤,很快就药效发作而亡。

柏拉图的经典譬喻

我刚才叙述苏格拉底的死亡经过,用的是同情这位哲学家的语气。我可不可能换个方式述说这个

81

故事,好让你转而同情检方呢?那位检察官的儿子曾经加入苏格拉底的哲学论坛,结果成了酒鬼。检察官因此说苏格拉底是个危险人物,谁能说不是呢?对一切事物充满质疑,人会迷失方向;我们不能光靠理性过日子,一定要靠风俗、习惯和宗教对个人指点迷津,才可能成就一个社会。

只是以上这个论点很难赢得认同。我们的文化多半偏袒苏格拉底这边,因为柏拉图将这段死亡历程记述并留存下来,结果把他捧成了最高典范。

直到今天,柏拉图依然是一个哲学核心问题的起点:我们的感官经验是不是真能引导我们走向真实?柏拉图相信,我们在世间的所见所感,只是存在于另一个崇高灵魂界中的完美形体的影子。世界上有普通的桌子,但有一张完美形体的桌子一直存在于某个别处。即使是个抽象的观念,例如正义和良善,也是以完美的形体存在于某个他处。人类便是来自那个灵魂界,必须透过心智和精神的锻炼,才能重新发现这个完美。

柏拉图是伟大的理想主义哲学家,他拒绝以物质观点来解释这个世界。柏拉图知道,一般见识的人会排斥他的观念,于是回以一个迄今依然生动有力的譬喻。

　　想象一群人,被囚禁于一个幽暗洞穴之中,而且全部被锁链绑住手脚。他们背对高墙镇日坐着,看不到背后,只能面对另一面的穴壁。洞穴外头有一条路,路的尽头有一个大火炬,路上若有其他人、动物和车辆经过,火炬就会将这些东西的影子投射在他们面对的穴壁上。这些穴居人看到的唯一事物就是这些影像;他们替阴影命名,品头论足;针对它们推理辩论;他们相信,这些影子是世间真实的存在。

　　后来,其中一人意外被解开锁链,从山洞走到露天处。一开始,强烈的光线照得他睁不开眼,等他看到阳光下五彩缤纷、美好的立体世界,不禁又惊又疑。可是,他说,在山洞里,我们以为……

　　没错,当你身在洞里,你不可能看到真相。

亚里士多德的三段论

亚里士多德是柏拉图的学生,将自然世界和宇宙——不只是地球,也包括天文领域——的知识做了极好的整理。认为地球是宇宙中心的宇宙观即是他的学说,于 17 世纪的科学革命中被推翻,不过他关于清晰思考的理论迄今犹存。他提出三段论,也就是一个叙述分成三段,从两个前提(一是概述,一是明确叙述)出发,推出结论的方法。举个例子:

> 每一只猫都有四条腿
>
> 米利根是一只猫
>
> 所以米利根有四条腿

这个结论正确吗?三段论要得到正确结论,两个前提必须真确,逻辑要站得住脚。在上例中,猫确实都有四条腿,而米利根,已经说过是一只猫,因此,这两个前提是真确的。而它的逻辑站得住脚吗?答案是肯定的——如果米利根是一只猫,而所有的猫都有四条腿,那米利根一定也有四条腿。

接着举个站不住脚的论点:

每一只猫都有四条腿

米利根有四条腿

所以米利根是一只猫

虽然两个前提皆为真确,但这个结论并不正确,因为米利根和猫之间并没有联结(米利根也可能是狗)。而如果前提之一并不真确,那么即使逻辑站得住脚,结论也可能不正确,例如:

所有的猫都是黑色的

米利根是一只猫

所以米利根是黑色的

这个逻辑站得住脚,但结论并不正确,因为第一个前提并不真确。

三段论可能导致各式各样的错误推理,但只要按部就班遵循规则,都可以找出漏洞来。由此可知,为什么大家会说是希腊人教会我们如何理性思考。

医生的行规

现代的西方医学也可远溯到古希腊,尤其是生于公元前 5 世纪,雅典辉煌时期的市民希波克拉底(Hippocrates)。他的论著迄今犹存,不过想必是好几位遵照他的医疗方法和原则行医的作者编撰而成。

希波克拉底秉持理性去解释疾病,认为罹病自有原因,和魔法、巫术及天谴无关。他仔细观察疾病的发展和染病的环境,试图从疾病发生的过程中看出模式,就这点而言,不啻是史上第一位流行病学家。他对医生的责任严格要求:谨慎,有医德,时时以病人的福祉为念。事实上,他的著作界定了"医药"这门行业的意涵。

现在进入医学院的学生都要宣誓遵守他所揭橥并且以他命名的誓词:希波克拉底誓约。这套誓词无意间揭露了他那个时代的医学环境:

我要竭尽全力采取我认为有利于病人的医疗措施，不能给病人带来痛苦与危害。即使有人要求，我也不会把致命毒药给任何人，也决不授意别人使用它，尤其不帮女人堕胎。无论进入谁家，只是为治病，远离任何不当作为，不接受贿赂，尤其不勾引人，无论对方是男是女，也无论已婚未婚。治病期间甚至离开之后，对看到或听到不应外传的私生活谨守秘密，决不泄漏宣扬。我要清清白白地行医生活。

不过，希波克拉底也因为追求希腊人崇尚的简单而犯了一个大错，让西方医学背负了很久的包袱。根据他的生理观，人体含有四种主要液体：血液、黏液、黄胆汁与黑胆汁，身体健康与否就系于这四种体液的平衡。在 19 世纪之前，医生若是判定病人是因血液过多而患病，会施以水蛭吸血治疗法，根据的就是他的权威说法。在这方面，希波克拉底被奉为经典的时间的确太久了点。

《查士丁尼法典》保障谁？

希腊人几乎在所有学问上都胜罗马人一筹，只除了法律。罗马人按部就班扩充律法，将法官的裁决、司法专家的意见都囊括于内，作为法律的组成元素。罗马人的民族性虽比希腊人务实得多，法学思维却带有浓厚的希腊理想主义色彩。他们征服其他民族之后，会仔细研究对方的律法，冀图找出它们的共同点。

所有人对法律的共识是什么？这个提问催生了自然法的概念——所有致力于公义的社会都应该遵循这套以自然为源的终极规范，用以修订它的律法。

东罗马帝国没有被日耳曼人侵亡。公元 6 世纪，这个帝国的统治者查士丁尼大帝（Emperor Justinian）下令汇编一本《查士丁尼法典》（*Justinian's Code*），它是公认最完整的罗马法典。这套法典于 11 世纪重见天日，造成了深巨的影响。它对英国的影响较小，因为英国已有齐全的普通法，不过英国的契约法还是受到这部法典影响。下面讨论两个关于契约的问题。

先来看聘雇契约。如果一匹租来的马被人偷走,租马的人该负什么样的责任? 答案是:他必须赔偿这匹马的价钱给马主,因为他应该好好照顾这匹马。(我们现在都是交由保险公司解决,罗马人可没这一套。)不过,如果这匹马是遭人以暴力夺走,租马的人就不必负责;他不必为了保护别人的马而陷自己于危境。但是,如果租马的人过了约定时间没有归还而丢失了马,即使马是被人强行夺走,他也要负赔偿责任。

再来看这个例子:有人雇用一个金匠打造一枚戒指。这是戒指的买卖契约还是金匠的雇用契约?不同的契约性质所适用的规定不同。答案是:要看金料的供应者而定。如果是顾客提供金料,这就属于雇用契约;如果是金匠自己提供金料,就是买卖契约。

你可以看到这套法典包罗之广、涵盖之细,也看得出编者的决心,要为所有种类的人为交易订下公平公正的原则。我们现在的处理方式或有不同,但不管面对什么样的疑难杂症,我们知道,前人都已经想到过了。

　　面对这个伟大的知识宝殿——多少世纪众多心血的结晶,我们会自觉渺小。这就是古典情怀。

LONGER HISTORY

细 说 五 六 遭

第三章

争战一千年

　　罗马帝国曾经遭到三次大规模侵略。第一次的侵略者是日耳曼蛮族,继而是穆斯林(指伊斯兰教徒),再来是北欧人,或称维京人。经过连年的战乱,欧洲社会终于趋于稳定,自己也开始向外扩张——十字军东征圣地,将穆斯林逐出西班牙,接着经由海上掠取世界各地的珍宝文物。

　　当我们谈到罗马帝国的灭亡,总会给它一个年份:公元476年。不过,这一年灭亡的只有西罗马帝国;说希腊语的东罗马帝国以君士坦丁堡为首都,又继续存在了一千年。君士坦丁堡原是希腊的一个城市,本名为拜占庭(Byzantium,以拉丁文发音),东罗

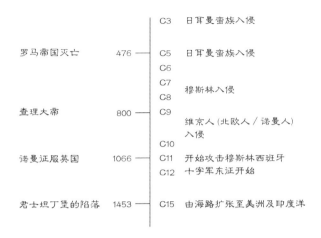

		C3	日耳曼蛮族入侵
罗马帝国灭亡	476	C5	日耳曼蛮族入侵
		C6	
		C7	穆斯林入侵
		C8	
查理大帝	800	C9	维京人 (北欧人／诺曼人) 入侵
		C10	
诺曼征服英国	1066	C11	开始攻击穆斯林西班牙
		C12	十字军东征开始
君士坦丁堡的陷落	1453	C15	由海路扩张至美洲及印度洋

马帝国因此也被称为拜占庭帝国。关于它的覆亡，我们稍后会讨论。

至于西罗马帝国，说它"灭亡"并定出日期，其实有误导之嫌。这不是蛮族大举集结于边境，步步往南逼进，罗马人节节后退，最后在罗马城背水一战那样的画面。完全不是这样。它是一种很不寻常的入侵，你不妨跟着地图上不同日耳曼蛮族的流动方向走走看。

从佣兵变事主

罗马帝国的北方边境从来就不是完全封闭的屏障。在若干被默许的边境地点,罗马和外族一直都有接触,在罗马士兵监督下交换货品。有时候还是罗马自己捞过了通常的国界;公元 1 世纪,罗马军便曾跨越莱茵河远征,进犯当今德国所在地。这次入侵很短命,蛮族摧毁了这些军队,也因此对罗马有了

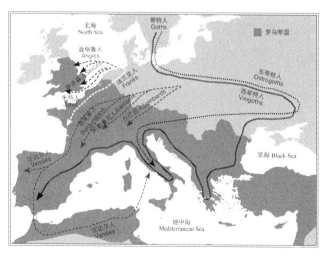

图 3-1　入侵的日耳曼蛮族和罗马帝国。

更多认识。

日耳曼蛮族也曾于公元 3 世纪多次来犯，差点就亡了罗马帝国。当时罗马政权风雨飘摇，许多皇帝才上台就下台，根本无力抵御外侮，结果，帝国虽得以苟延残喘，但境内多处已成日耳曼人的定居地。君士坦丁大帝，也就是公元313 年正式宣布支持基督教的罗马皇帝，在这次战乱后力图整顿，希望重振帝国荣光。

罗马军队将定居于境内的日耳曼人网罗进来，因此，在 5 世纪的侵略行动中，两方都有日耳曼人参与战斗。日耳曼人在罗马军队里占了一半甚至更高的比例，有的甚至高居将领。罗马人必须找日耳曼人来替他们打仗，似乎是国力薄弱的明显迹象。在种族意识高涨的 20 世纪初叶，有人认为罗马帝国覆亡的原因不言而喻：罗马人犯了大错，把自己的命运交到一个不如他们优秀的民族手里。当然，这是个浅薄的识见，现在已经被扬弃。

不过，一个帝国得靠新来者抵御外侮，体质孱弱可见一斑。

日耳曼民族并没有接掌罗马帝国的欲望。他们只是侵略者，却不想成为征服者。他们只想分一杯羹，在这块土地上安定下来，过点舒服日子，所以他们愿意承认罗马帝王的统治。

当然，那些帝王并不喜欢外邦人在自己领土上进行掠夺，于是他们派兵去镇压或驱逐这些入侵者，但只能说偶有斩获，最后的结果通常是：日耳曼人依然像是帝国领土中的化外之民，到最后，罗马帝国已经没剩多少土地能够治理。不过，日耳曼人认为这里还是应该有个帝王才对。有很长一段时间，这些侵略者找来一个罗马人当他们的皇帝。

这场闹剧终于被一个日耳曼将军打断。他决定不扶植傀儡政权，由自己公然称王。这是公元476年发生的事，不是什么波澜壮阔的最后战役。这位日耳曼领袖叫作奥多亚克（Odoacer），他接掌了帝国，但并没有自封为帝，而是自称意大利国王。他把西罗马帝国的王权象征——皇冠和王袍——包好，送到还有另一位皇帝在位的君士坦丁堡去，等于承认了那位皇帝的治权。日耳曼人沐浴在荣耀之中，这是他们无心插柳下的征服。

可公审,可酷刑

于是,西方不再是个一统的帝国,而是并立着一个个由不同日耳曼民族所建立的小王国。这些小国起起落落更迭快速,根本无力维系旧日的罗马政体,未久就连征税也停止了。基本上,"治国"远非这些征服者的能力所及;他们毫无治理一个安定国家的经验,他们四处求援,终于从罗马的地主阶级和各区的主教处得到帮助。新与旧的统治阶层是融合了,但下面的情况又是如何呢?

详细情形我们不得而知,因为那个年代的文字记录凤毛麟角。日耳曼人不识文字,再加上是兵荒马乱的年代,留存至今的可考文献少之又少。不过有件事是清楚的:这不是一场大规模的侵略。日耳曼蛮族并不是把原有的居民赶走,也不是由雄兵战士压境进袭。这些日耳曼人是带着妻小,打算来此定居的;他们在某些地区形成了人口密集的社群,有些地方则零零落落,人迹微稀。要确定什么人在哪些地方定居,必须有请考古学家;日耳曼人的埋葬方式有别于罗马人,因此,某处的许多死者如果是以日耳曼方式埋葬,就表示这是个人口密集的日耳曼聚落。语言学家也有用武之地;如果某村庄改换成日耳曼名字,照理说就是个人口稠密的日耳曼移民聚落。不过,这个证据可能不够强,因为地名改变也可能是哪个日耳曼将军一声令下的结果,但如果是田地名称改变,证据就比较有力,这表示这方土地上确有日耳曼人在耕作。

有一段时间,日耳曼法律和罗马法令是同肩并行的。罪犯要依据何种法律受审,视其种族血统而定。罗马法令秉持的是清楚分明的公平正义原则,让法官依据案情做出定夺。早期的法官就是立法的人,他们的判例被汇整成法典,其中最伟大的一部当属6世纪东罗马帝国查士丁尼大帝下令所编;反观日耳曼法律,简直是私人恩仇录之大成,法官的角色只是坐壁上观。有人要是侵犯他人,受伤者及其亲族会去找对方及其亲属讨赔偿,即使是杀人案件,只要付钱给死者亲属便能了事。数目多少端视受害者的身份地位而定,贵族阶级的赔偿金要比普通百姓高出三倍。

罗马人判决有罪无罪是以证据和证人为准,日耳曼民族则是用火烧、水淹等酷刑或打仗。例如,把嫌疑犯的手臂泡在沸水里,如果三天后这只手臂没有痊愈,这人就是有罪;或是把犯人丢进水里,浮起来就是有罪,沉下去就是无罪。双方若是因土地起争执可以开战,打胜的一方可以名正言顺宣称所有权。

这两种法制逐渐叠合为一。在意大利和法国南部,罗马法较占上风,日耳曼私刑在法国北部地区则略胜一筹。而不管在哪里,酷刑审判时都有神父在场,以确保上帝做出正确判决。在这方面,罗马教廷走的一直是日耳曼路线,直到 12 世纪,教会受到被挖掘出土的《查士丁尼法典》影响,告诫神职人员不得参与酷刑,情况才有了改变。

罗马未死,文明奠基

日耳曼人入侵没多久就转而皈依为基督徒,否定了他们原有的神明或在入侵前曾经改奉的阿里乌教派(Arianism)。阿里乌教派是基督教一支被视为异端的流派,主要教义是认为耶稣既然是上帝的儿子,各方面势必逊于天父,无法与上帝相提并论。这派主张曾在东罗马帝国风行过一段时间,之后被传教士带到日耳曼,许多日耳曼人因而成为该教派信徒。

因此,"罗马的灭亡"在许多方面都有误导之嫌,而最让人误会的是宗教方面——罗马帝国的国教和教廷其实都幸存下来,甚至受到侵略者的拥抱。这是个起始点,欧洲文明就此奠基。对此我们前面已经做过表述:日耳曼人支持罗马基督教会,而罗马教会保存了古希腊罗马的学术。

"法国"源自日耳曼民族

在西方,只有一个由日耳曼民族建立的国家维系了长久的时间,那就是法兰克王国。你可以从地图上看到,它的版图不断扩张,除了今天的法国,德国、西班牙和意大利的部分区域也都被纳入它的国境。"法兰西"(France,即法国)这个名字即是法兰克(Franks)的衍生词,因此法国也是源起于日耳曼民族。法兰克王国于查理大帝（Charles the Great 或 Charlemagne）在位期间到达鼎盛，他死后王国便告分裂。现代的法国并不是法兰克王国的直系后裔，我们今天所称的法国，事实上是由该王国之后的许多王者慢慢整合而成的。

日耳曼民族对英格兰的侵略模式则是大相径庭。罗马帝国的版图涵盖了现代英国大半的领土，但不包括苏格兰。罗马人很晚才来到英格兰（公元1世纪），又迅速离去；公元410年，罗马皇帝为了抵抗日耳曼人的入侵，调回了此地的驻军。罗马人离开后，本地原来的英格兰凯尔特人依然完好无伤，并没有被在此居留达三百年的罗马人灭绝。他们说的凯尔特语（Celtic）留存了下来。之后，盎格鲁（Angles）、萨克森（Saxons）和朱特（Jutes）这几支日耳曼民族于5世纪和6世纪跨过海峡入侵英格兰。这一回比较像全面的征服；英国人惨遭倾轧，只有苏格兰、威尔士和英格兰西南部康沃尔（Cornwall）等地逃过一劫。

如此，整个英格兰变成了日耳曼社会；除了众多独立王国林立，它也成了异教之邦，因为盎格鲁、萨

图 3-2　法兰克王国不断扩张,除了今天的法国,德国、西班牙和意大利的部分区域也都在其版图之内。

克森和朱特族并不信奉任何流派的基督教。后来爱尔兰和罗马的传教士来到英格兰,将这些新移民感召成基督徒。关于英格兰的宗教改奉,爱尔兰扮演了重要角色,为基督教的存续留下一则动人的篇章。

　　基督教源始于罗马帝国的近东地区,从该处扩伸至整个帝国江山,之后又跨越疆界来到爱尔兰。它在此成了一种独特的基督教,因为这个社会并没有沾染到罗马气息。当西罗马帝国遭到侵略时,爱尔兰不只安然无恙,甚至让英格兰重返基督教怀抱,并派出传教士前往欧洲。英国人后来看不起爱尔兰人,蔑称他们是"乡巴佬",但爱尔兰人则是心知肚明,基督教世界的命可是他们给救回来的。

伊斯兰入侵,遇到"铁钟"

第二次的大侵略来自穆斯林,时为7世纪到8世纪,距离日耳曼蛮族入侵仅仅两百年。伊斯兰教始祖穆罕默德原为阿拉伯商人,得到神的天启后创立该教。他这支借由神助发展出来的宗教,与犹太教和基督教有紧密联系;穆斯林也承认耶稣和耶稣之前的先知们确实是先知,但深信穆罕默德是世上最后一位先知,能指引大家走向唯一真神安拉的怀抱。伊斯兰教比起基督教来说简单许多。他们没有希腊人那种奇思妙想,认为基督教的神是三位一体——圣父、圣子、圣灵,三者各有所司但地位相等,各有分别却又形同一体。在伊斯兰教看来,唯一的神就是安拉而已。穆斯林对基督徒和犹太人相当宽容,基督徒却总认为穆斯林欺世盗名，是真正信仰的毁灭者。

穆罕默德以武力征服异教部落，强迫他们臣服，为他的新信仰赢得了大片阿拉伯江山。他在生前的影响力远远超过耶稣：他创立了一个宗教，在广大的土地上稳稳扎下了根，反观耶稣，直到死的时候，基督教还没个影子。穆罕默德死后，他的信徒继续南征北讨，势如破竹。他们马不停蹄，征服了其他部落也建立了国邦，先是在波斯帝国地区，后来是东罗马帝国的中东及北非区域。他们沿着北非继续西进，不但让日耳曼蛮族侵略者所建的王国陷落，之后更越海进入西班牙。

西班牙原是罗马帝国的一个省份，后来被西哥特人（Visigoths）入侵，成为基督教国家，如今变成了伊斯兰教国家。

穆斯林的征服至此为止。一支深入法国的伊斯兰教大军在图尔（Tours）这个地方吃了败仗，当时法兰克的统帅是"铁钟"查理（Charles Martel），他的孙子即为查理大帝。法兰克人为了维护基督教而拯救了欧洲。

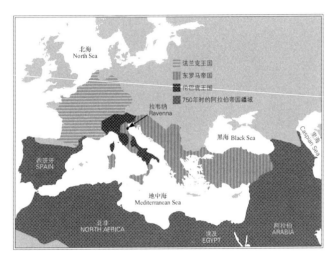

图3-3　穆斯林的进占。东罗马帝国当中,只有巴尔干半岛
和现在的土耳其地区没有沦陷。东罗马帝国曾经夺回一些
意大利疆土。意大利曾是西罗马帝国的一部分,后来受到日
耳曼蛮族入侵,而君士坦丁堡的皇帝认为,收复这些土地是
他身为基督徒的责任。他小有斩获,却付出了昂贵的代价;
他光复失土的努力所导致的社会混乱和杀戮,远远超过了日
耳曼侵略。北意大利的拉韦纳是他收复的领土之一,说明了
该城何以有美丽的拜占庭镶嵌画作留存。

穆斯林虽是基督徒眼中无情的征服者,却是温和的统治者。他们容许基督徒继续崇拜自己的神,只是不信伊斯兰教就得缴税——穆斯林不必缴税。这是个诱因,目的是要民众改奉伊斯兰教。东罗马帝国统治下的基督徒其实也部分欢迎穆斯林入治,因为君士坦丁堡强制他们遵奉的基督教规范早已让他们怨声载道。在伊斯兰教统治下,他们可以随自己高兴进行礼拜仪式,但至此基督教逐渐在这些土地上淡出,终至销声匿迹。随着越来越多人改信伊斯兰教,征税规定当然也得更改,不出多久,人人一律平等,都得缴纳一笔土地税。

在伊斯兰教的统治下,西班牙成了中世纪欧洲最文明的区域。不识字的阿拉伯蛮族南征北讨,一路上向他们征服的民族学习,包括拥有高度文明的波斯人,和拜占庭帝国的希腊人。

阿拉伯人将希腊学术带到了西班牙,不只形诸文字,更详细演绎,并允许欧洲北部的学者前来抄写。犹太人在信奉伊斯兰教的西班牙地位崇高,时常充当翻译者;一人先用阿拉伯语念出先前已从希腊文转译为阿拉伯文的文献,接着以西班牙语高声翻译出来，另一人一面听着西班牙语，一面用拉丁文书写下来。如此，希腊学说以经过三道翻译的拉丁文新版本，被带回基督教欧洲的大学研读（欧洲于12世纪就开始广建大学）。就这样，西欧取得了亚里士多德关于逻辑的著作，以及医药、天文学和数学方面的作品——在这些学科上，希腊人俱是泰斗。

现在，我们要对这三次征战的结果做个归纳。第一，在西欧，日耳曼民族、古罗马和基督教因此熔于一炉。第二，整个英格兰被日耳曼蛮族占领，之后又回归基督教信仰。第三，在伊斯兰世界（中东、北非和西班牙），基督教完全隐没，但希腊学术被保存下来，且被传播到欧洲。

维京人横行两百年

维京人，又称诺曼人、北欧人，是最后一批侵略者，在9世纪和10世纪，也就是继伊斯兰进占后的两个世纪，横行于整个欧洲。维京人的老家在北方——瑞典、挪威、丹麦，取道海上来袭。他们的巨大长船委实是个惊人景象,这些船吃水甚浅,只需一米深的水即可浮起,因此可以长途远航,溯河而上。河水变浅,他们就放下携载于长船上的小舟,继续航行;遇到障碍,就抬着船只绕过屏障,继续前划。如此这般,他们能够深入内陆;在俄国境内,从波罗的海直到黑海都有他们的踪迹。

露天的长船只能在夏天出海航行。一开始,维京人会在夏天出征,返家过冬。他们的目的在于掠夺:抢走贵重物品,一些能够运载回去的东西。不过,在搜猎贵重物品的同时,他们也靠掠夺维生,食物、马匹、女人什么都抢,并不仅是取其所需。他们是意志坚定的恐怖分子;不只偷袭、抢劫,更大举烧杀掳掠,拿不走的东西也全部摧毁。他们的目的是制造全面的恐慌,他们心狠手辣,民众闻风莫不丧胆逃命。北欧传奇故事中有个维京战士被称为儿童卫士,因为他拒绝用矛尖刺穿小孩,把他们开肠剖肚。

先前的日耳曼蛮族是由陆路进来的,为避免遭到掠夺,最安全的地方似乎是内陆的河边或海岸附近,因此修道院都建在这些地方;如今盗匪由海路来袭,这些修道院轻易就成了他们的囊中物。

图3-4　维京人的长船。吃水甚浅,因此可溯河而上,深入内陆进袭。

修道院在强盗眼中是大肥羊,因为里头存有大批金银做的物件,又有大量食物——他们算是自制自销一手包办,储粮必须足够供应一两百个修士。法国卢瓦尔河(River Loire)的河口有所修道院,盖在海岸附近的一个小岛上;每年夏天,这些僧侣就得沿河往内陆搬迁,但维京人总会以长船追赶上来。这个修道院的僧侣带着个人的金十字架、染有耶稣宝血的大十字架和基督的一节腿骨,沿着卢瓦尔河迁徙了四五次之多,才终于在当今的瑞士安顿下来。

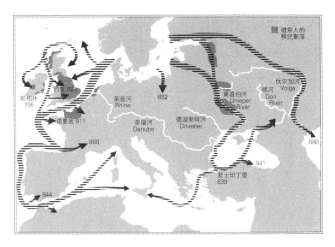

图 3-5 维京人,或称北欧人,在 9 和 10 世纪横行于整个欧洲。

　　维京人之所以能不断进袭却没有遭受抵抗,是因为政府力薄势弱。它们没有正常的征税体制,即使有能力整合成军,侵略者也不是从陆路来袭。西欧的小王国没有一个设有海军,查理大帝麾下从来不曾有过海军编制,再说他的帝国如今已烟消云散。罗马帝国曾经利用过“海”——它本身就是以地中海为中心整合成的一块疆土,但如今这块海域绝大部分已落入穆斯林之手。欧洲各国之间甚少海上贸易,航海技术湮消殆尽,整个欧洲因为转向内陆发展,轻易就成了机动性强的外敌的俎上肉。

一段时间后,维京人把妻小都带了来,在这里建立了永久的家园。地图上可以看到他们的聚落,广布在俄国、法国北部、英格兰和爱尔兰。都柏林原本是北欧人的城市,英格兰遭受过两次侵略,第一次是盎格鲁、萨克森和朱特族,之后是从本岛东边进来的维京人。这两组人马说的都是日耳曼语言,英语就是从它演变而来。法国北方有个移民区叫作诺曼底(Normandy),就是因为维京人(又称诺曼人)在此定居而得名。法兰西国王让他们住在这里,条件是要停止掠夺的勾当。

诺曼人在法国北部定居百年之后,诺曼底公爵威廉带领一些随众于1066年征服了英格兰,这只是上层阶级的换手;威廉公爵和他的随众开始以英格兰的新统治者自居。诺曼人说他们自己的一种法语,之后融合各方语言,最后变成了英语。英格兰社会到处都是侵略者,不过1066年后就不再有外族入侵。

外界对欧洲的侵略在10世纪后偃旗息鼓。维京人受到劝服在此建立家园,传教士前进到挪威、瑞典,把它们都感化成了基督教国家。贸易重现生机,城镇开始扩张。现在,欧洲社会不但变得稳定,甚且强盛到可以远征去攻掠别人了。

十字军东征

基督教世界的首要任务,是把穆斯林赶回他们的老家。这几次运动动员了整个欧洲,一开始是为了收复西班牙,继而以夺回圣地耶路撒冷为目标。收复西班牙的行动始于 11 世纪,经过四百余年才大功告成;自北而南的基督徒分次进击,先夺得一大片土地,重建基督教社会后,再继续挥军南进。1492 年,哥伦布在西班牙王室资助下扬帆西航的同一年,最后一批穆斯林终于被赶出西班牙南部。

十字军于 1095 年开始东征圣地,持续攻伐了将近两个世纪。想想看,当这些基督徒知道耶稣当年的传道之所、葬身之地如今落在离经叛道的异教徒手里,而且这些异教徒还处处与基督教为敌,势必群情激奋,认为上帝一定希望他们洗刷此等奇耻大辱。对于这些圣战,教皇不只鼓励,更予以奖励。不过,这些征战只有第一次获得成功。基督徒短暂收复了耶路撒冷,有些十字军永久居留下来,但穆斯林又把他们赶了出去,接下来的数次征伐也都铩羽而归。

十字军是多国合作的成果,对比之下,从 15 世纪开始跨海朝美洲和亚洲发展的扩张,则是几个新兴民族国家间的竞赛——首先是西班牙和葡萄牙,接着是英国、法国和荷兰。这些国家的首要目标是取得亚洲的香料与财富。它们兵分两路:以海路绕过非洲南部,或是跨过大西洋直接西进。哥伦布原本要去中国,结果无心插柳发现了美洲大陆,这个发现的回报远远超过失望,因为资助他的西班牙王朝从此掌握了中美洲和南美洲的金山银矿。最早抵达亚洲的是葡萄牙人,但被竞夺印度统治权的英法两国和争夺东印度群岛(现在的印尼)的荷兰后来居上,给扫到了一边。

来自亚洲的奢侈品很早便已传入欧洲,不过都是经由拜占庭帝国的首都君士坦丁堡辗转而来。欧洲人改采海路,部分原因是陆上的东通之路已经落在穆斯林手里。

罗马盛世终到尽头

这比较像是真正的"灭亡"。5世纪时,日耳曼蛮族的进攻集中在西罗马帝国,东罗马帝国因此得以幸存,且经济、政治上或许更为富强,但它的江山也开始一步步丢失。7世纪到8世纪,一大块疆土被阿拉伯的伊斯兰教侵略者夺走,9世纪,土耳其人借道亚洲大草原接踵而至。他们从东罗马帝国手中夺取了现在称为土耳其的地方,并于南进和西征途中纷纷改信伊斯兰教,整个中东都落入其手。他们并且翻山越海来到欧洲,君士坦丁堡周遭的领土相继失陷,四面楚歌。1453年,土耳其人终于攻占了东罗马帝国的首都。最后一位东罗马帝国皇帝死于战斗中。就这样,国土被缩减到方寸之地,人口当中希腊人比罗马人还多的罗马帝国,终于走到了尽头。

6世纪时由查士丁尼大帝所建的圣索菲亚大教堂(Hagia Sophia,意为"上帝的智慧"),被改建为伊斯兰教清真寺。土耳其人本身也建立了一个帝国,称为奥斯曼帝国。这个帝国于第一次世界大战后画

图3-6 6世纪时由查士丁尼大帝所建的圣索菲亚大教堂，一度变成伊斯兰教清真寺，如今成为宗教博物馆。

下休止符，当今土耳其就此成为一个世俗国家，虽然绝大部分的人口还是信奉伊斯兰教。最初为基督徒所建，后来变成伊斯兰教清真寺的圣索菲亚大教堂，如今成为宗教博物馆。

君士坦丁堡陷落后，当初将古希腊学术保存下来并仔细研读的基督教学者，亲自带着这些珍贵手稿逃到了意大利。他们在此受到热烈欢迎，因为文艺复兴学者正四处搜寻古典文献。早在1453年之前,意大利学者为了亲炙希腊的学术和文学,和君士坦丁堡的学者便已有所交流。先前在西欧,拉丁学术和文学一直受到保存,不曾或断。有些希腊学术以拉丁文继续传世,而虽然整个罗马文学深受希腊人影响,但这些希腊原文作品是在间隔很久并且绕了极远的路之后——中世纪的西班牙以及 15 世纪的君士坦丁堡——才抵达了西欧。

第四章

民主意识,这样开始的

民主国家是古希腊的发明。他们也发明了政治(politics);这个词是从希腊词"polis"衍生而来,意为城邦。自古以来,各种形式的政府所在多有,而希腊人发明的政府是以所有公民共同讨论、少数服从多数的投票表决方式为之。这是直接式的民主——所有公民齐聚一堂,进行辩论决定政策。

不过,并不是所有的希腊城邦都奉行民主制度,而即使是雅典的民主也总是险象环生。在所有实施民主的城邦里面,我们对雅典知之最详;它的民主体制虽然受过一些干扰,但也持续了一百七十年之久。这期间,所有生于雅典的男性公民对政府事务都有参与权,但女人和奴隶没有。

我们的制度虽然被称为民主政治,不过我们是代议式的民主,和雅典的民主大异其趣。现代的平民百姓并不是时时参与政府的运作,我们每三年或四年投票一次;我们有陈情申诉、游行示威、提案诉愿的机会通道,但对所有送到国会审议的议题并没有直接投票表决的权利。

如果我们的民主是由人民直接当家做主,可想而知,这种形式和现在的制度势必大相径庭。当然,要让所有公民齐聚一堂是不可能的,但只要每个议题都经由网络进行全民公投,要在 21 世纪复制希腊体制并非绝无可能。但如果施行的是那样的直接民主制度,从民调中显示,现在的澳大利亚绝不可能允许除英国外的其他国家的移民移入——澳大利亚不会有任何亚裔移民,势必永远是孤悬的罪犯之邦,说不定仍对罪犯施以鞭刑;海外救援永远不会成立;单亲妈妈们还在为生计苦苦奋战;说不定学生还在为保卫自己的福利抗争。

因此,你或许会想,由此看来代议制度也还不错,人民的无知和偏见不至于让国家失序。如果你也抱持着这样的立场,那你的看法就跟苏格拉底、柏拉图、亚里士多德很接近了。

民主源自军队

这三位希腊大哲学家对雅典的直接民主提出严重质疑,拜他们的批评之赐,我们对它的运作方式有了了解。他们指出,人是善变无常、优柔寡断、浅薄无知、容易被操弄的,而政治是一种精细的艺术,需要智慧和良好判断,这不是每个公民都拥有的特质。这三位哲人对我们目前的代议式民主应该会欣赏得多。无论我们对现在的民意代表有什么样的不满,相较于全体普罗大众,他们的教育水准还是高些,识见也丰富通晓些。

我们的政治人物是受一套行政体系的引导,这个体系中不乏多位能人贤士。如此,我们的人民并不是直接治理国事,而是借由那些对整体政府事务有丰富经验又有思考能力的人作出一份贡献。只是,苏格拉底、柏拉图、亚里士多德不会把我们的制度称为"民主"。

希腊的民主制度源自军队。如果我们仔细检视不同的政府体制,会发现国家性质和军事力量的性质息息相关。雅典并没有全职的军队,它没有所谓的"现役常备军"体制,没有随时枕戈待命、驻扎在军营里的军队。在雅典,所有的军人都是兼职,但他们会编列队形,接受严格的步兵训练。一旦有战事爆发,这些不管是经商还是务农的公民都要放下日常营生,聚合成军。这些平日为民、战时为军的公民集合后,听取统领的行军命令,是为民主集会的滥觞。奋战或求和的决定以及交战的战略战术,先前已由元老会议,也就是部落的贵族阶级拟好,这时整个摊开在聚集的士兵之前,目的是让他们了解全局,做好心理准备。这些纠集而成的兵团不能就这些事情辩论或提出异议,他们只能高喊同意,齐唱军歌。

慢慢地,军团势力日渐坐大,最后变得全权在握。我们不知道这个过程是如何演变而成,不过既然国家必须依赖这些既是民又是兵的公民参与,而上战场打仗又是家常便饭,这些士兵当然占据了一个强势地位。所以说,希腊民主的发轫是始于军人的团结一致。不过,它的民主也涉及民族元素。雅典原本有四个部落,打仗时通常是以各部落为单位,分别聚集成军,一起出兵。各个部落分别选出政府官员,即使雅典后来变成了比较正式的民主,也划分了选区,但即使你搬到别的地方去住,终生还是原部落的选民。因此,地缘似乎从来不是个强韧的系带,与你终生相系的是跟你一起投票的人。

不讲人权的高压民主

直接民主需要人民的高度投入,也需要政府对人民深具信心。雅典民主理想的奠定者是雅典的执政者伯里克利(Pericles),他在一场纪念斯巴达战争中牺牲的士兵葬礼上发表演说,揭橥了这些理想。出身雅典的修昔底德(Thucydides)是史上第一位力图客观公正写史的作者,伯里克利的"国殇演说辞"(Funeral Oration)就记载于他的《伯罗奔尼撒战争史》(*The Peloponnesian War*)中。修昔底德这些亲笔手稿被保存在君士坦丁堡,文艺复兴时期,在他手书这些史页的一千八百年后,这份手稿抵达了意大利,先被翻译成拉丁文,继而被译成各种现代的欧洲语言。这是政治家最知名的仪典演说之一,仅次于林肯的"盖兹堡演讲"。

伯里克利的演说比林肯长得多。以下是几段节录:

> 我们所以被称为民主政治,是因为这个国家是由全体公民治理,而不是操在少数人手上。在解决私人争端方面,法律之前人人平等;在指派公共职务方面,优先的考量是个人的实际才能,而不是所属的阶层地位。

> 一日劳作之后,我们有种种娱乐活动,供我们恢复活力。一整年里,我们定期举办竞技会和祭祀节庆;我们家中的布置充满美感与品位,赏心悦目之余也能解忧除虑。

> 在这里,所有公民不只关心私人事务,对国家大事也备极关注;一般公民即使经年累月忙于家计,对政治事务仍然了如指掌。这是我们雅典人与众不同之处——对

于不关心公共事务的人，我们不会称他是
自扫门前雪，而是视之为无物。

开放、文明的社会，热心投入、富有使命感的公
民，任何关心民主的人都会认为这个理想令人向往，
虽然我们知道，雅典人能这样投入到休闲娱乐与美
学艺术，是归因于它的奴隶制度。公民有钱有闲，才
得以经常参加集会。然而，伯里克利这篇演说的正
面效应，直到许久之后才发挥出来。数百年间，欧洲
精英分子不断提出警告反对民主，这不只是攸关利
益，也是因为他们所受的教育——他们饱读古典诗
书，而那些经典的作者对民主多半都抱持反感。

反民主之风如此之深，以至于 19 世纪初叶一位
英国学者乔治·格罗特（George Grote）破釜沉舟，发
表了一篇全新的希腊研究，指民主政治和精英文化
乃唇齿相依，你不可能接受一个而毁弃另一个。这
是格罗特对英国民主理想的贡献。

即使是现在的我们，也会认为希腊的民主和我
们的理想在某些层面不无扞格。它的共治色彩浓
厚，带有一丝高压意味，个人人权的观念几近于零。

雅典公民的权利是得到归属了——一如伯里克利所言，不关心公共事务的人皆被"视为无物"。可见，我们如今对于人权的关注是根源于别处。

有钱人的投票权

公元前4世纪初叶，雅典和希腊所有的小城邦都失去了独立，被归入希腊北方马其顿帝国领袖亚历山大大帝的治下。民主是丧失了，但曾在雅典蓬勃发展的希腊文化并未湮逝。它随着亚历山大帝国的版图扩张，延伸至整个地中海东部，甚至深入中东。亚历山大打造的泛希腊世界依然屹立，因此，当罗马征服了它而将它纳入东罗马帝国的版图，这里有半数的人说的都是希腊语。

罗马人开始扩张版图的时候，它的政体是共和而非民主制。一如希腊城邦，他们也有公民大会，大会的缘起也是一群武装军人的集会。罗马所有的公民都得打仗，武器装备还得自备。你可以依照你的财富作出贡献。有钱人可自备坐骑加入骑兵部队，这在罗马军队里只占了少数，其他的全是步兵，但等级有别:一等兵有全套武装,佩剑、盔甲、护盾一应俱全;次焉者武器装备略逊一筹;第三等的只有一根长矛或一支标枪;最末等的步兵团,也就是最穷的人,只能分到一个弹弓,外加一块用来包石头的布巾或皮革。

早年的公民大会与阅兵场上的军容阵仗颇为类似。这些男性公民按照阶级依序排列:骑兵、一等步兵、二等、三等、四等,最后才是只拥有弹弓的小兵。投票以团体为单位,例如,整个骑兵部队就某个议题先行内部讨论、决定共识,所有的一等兵也是先行讨论、决定看法,依此类推。每个团体皆可表达他们的共同意见,但投票权不尽相同;总票数为一百九十三票,以阶级地位为据,分配于这些团体,其中九十八票属于骑兵和一等步兵,在一百九十三票当中占多数,虽然地位低微的三、四、五等步兵人数最多,但只要骑兵和一等步兵团同意,根本不用询问其他人的意见就可做决定;实际上也常是如此,骑兵和一等步兵两组人马即可拍板定案。

基本上每个男人都有参政权,但有钱人的声音最大。

庶民的叛变

公民大会负责选出罗马的执政官,也就是该共和体制的行政首长。执政官有两位,为了互相牵制,唯有双方意见一致才能行使权力,再加上任期只有一年,更限制了他们的权力。罗马人计算年份,用的就是卸任执政官的名字。

慢慢地,平民开始和贵族及富人对抗,为自己争取更多权力。这个过程如何演变而成我们倒是很清楚——他们运用自己的军事势力遂其所愿。当战事爆发,一般士兵亦即三等、四等及五等兵,全都拒绝去打仗。他们说,除非你让我们在国内拥有更多权力,我们才肯上战场。透过这样的威胁,他们成立了新的平民大会,并任命了一些称为护民官的政务官。如果政府让一般百姓受到不公平待遇,这些护民官随时有权介入干涉。这个平民大会后来再度拒绝作战,经过又一回合的过招,终于在立法方面拿到了重要角色。

这些威胁行为有人称为"罢工",不过这个词汇并不贴切。罢工的情境涉及劳资关系，言下之意是罗马的劳工阶级已有工会组织，为对抗资方老板而发动罢工，但当时完全不是这样。这是庶民上演的一场叛变，而他们的机会来自国际情势，而非劳资关系。

就跟雅典一样，这些平日为民战时为军的平民虽然得到了更多权力，但罗马的民主制度从来不曾取得完全的胜利。罗马共和的主体依然是以贵族为组成分子的元老院，后来更添增了更多的有钱人家。平民大会因为掌握了更多权力而对元老院构成不少限制，但它并没有压制的力量甚或取而代之。罗马的宪法虽有改变，但它是随着权力关系消长而在原有宪法上做增补，并非借由革命起义而从头制定。英国宪法即是追随它的脚步——英国至今还没有一纸成文宪法。谈到对权力分散和监督的重视，罗马宪法是美国宪法的一个重要典范。

王子的罪行，女子的贞洁

罗马人最初是由君王统治，直到公元前 500 年左右,罗马人推翻了暴君"骄傲者塔克文"(Tarquin the Proud),才开始实施共和政体。罗马史家李维(Titus Livius)记述了这场革命的经过。罗马帝国灭亡后,他的作品被西欧保存下来,不过部分早已佚失,只有某些章节硕果仅存,而这份孤本直到16世纪才被人发掘出来,以至于文艺复兴时期的学者一直不知有这份记载存在。李维对罗马建立共和的描述至此才得以公之于世,莎士比亚的诗作《鲁克丽丝失贞记》(*The Rape of Lucrece*)即是取材于它。

这场强暴点燃了共和制的革命之火。施暴者并不是暴君塔克文本人,而是他的儿子塞克斯塔斯(Sextus Tarquinius),受害者鲁克丽丝是暴君国王的另一个儿子格兰提努斯(Lucius Tarquinius Collatinus)的妻子。发动这场革命推翻了王政的领袖叫作布鲁图斯(Lucius Junius Brutus),是国王的侄子;四百年后,一个和他同名的人也发动一场政变,刺杀了恺撒大帝。前面这位布鲁图斯曾经目睹自己的许多家人被塔克文杀害,他为了活命,只好装疯卖傻,否则塔克文早就将他除去了。布鲁图斯人如其名,拉丁文的意思就是"愚钝"。塔克文霸占了他所有的家产,他没有半句怨言,只是静候时机,而鲁克丽丝的受辱给了他最好的机会。

以下是李维笔下述说的故事。

故事从国王的几个儿子离开罗马,来到亚迪亚（Ardea）这个地方打仗写起。格兰提努斯在帐篷里和他们一起喝酒,酒酣耳热之际,大家聊起妻子,个个都夸自己的妻子最为贤德。格兰提努斯于是提议,不妨骑马回罗马看看自己的妻子在做什么,争议自可尘埃落定。结果,几个王妃都在宴客作乐,只有鲁克丽丝辛勤地做着纺织工作。格兰提努斯胜了这场争辩。几天后,塞克斯塔斯背着格兰提努斯,自个儿又回罗马去找鲁克丽丝。

鲁克丽丝在家中热忱地欢迎他,晚餐过后,还谨遵对待贵客之道,陪他走到客房。他在房里等着,待夜深人静大家都就寝后,他拿出配剑来到鲁克丽丝的闺房,决心要强暴她。鲁克丽丝正在睡梦中,他将左手放在她胸前。"鲁克丽丝，"他轻声唤道，"你别出声。我是塞克斯塔斯。我手上有剑，你一出声我就杀了你。"吓坏了的鲁克丽丝睁开眼睛，死亡就在眼前，她却求助无门。塞克斯塔斯试图让她就范，他恳求、哀求、威胁，用尽所有可能征服女人心的武器，却都枉然无效，就连死亡的畏惧也动摇不了她。"如果死亡不能打动你，"塞克斯塔斯恼羞成怒，"失去名节总可以吧。我要先杀了你，然后割断一个奴隶的喉咙，让他赤身裸体躺在你身边，每个人都会以为你跟仆人私通。"再坚定的贞洁也抵挡不住这个可怕的威胁。

鲁克丽丝还是屈服了，塞克斯塔斯在得逞后，洋洋得意策马而去。

悲伤的鲁克丽丝写信给她住在罗马的父亲和派驻在亚迪亚的丈夫，请他们各自带着一位信任的朋友立刻前来，因为家中发生了可怕的事。她父亲带着维拉利（Valerius），她丈夫则带着布鲁图斯——他正好和布鲁图斯一起返回罗马，结果途中遇到信差。

他们发现鲁克丽丝坐在闺房中，满面哀戚。他们一进门，她已满眼是泪，而当她的丈夫问："你还好吗？"她回答："不好，哪个失去名节的女人会好呢？格兰提努斯，你的床上留有另一个男人的印子。我的身子刚才受了侵犯，但我的心是清白的，死亡可以为我作证。请你立下重誓，务必让奸淫我的人受到惩罚。那人叫作塞克斯塔斯·塔克文。他实为我的敌人，昨夜却假扮成客人污辱了我。他的得逞代表我之将死——如果你们是男子汉，就得让他也死。"

格兰提努斯当场承诺了她。他们轮番抚慰她，告诉她当时她是如此无助，因此是无辜的，有罪的只是塞克斯塔斯一人。他们说，有罪的是一个人的心，不是身体；没有意图就没有罪愆可言。

"他该受到什么报应，"鲁克丽丝说，

"我交由你们决定。至于我，虽然失节非我之过，但我要接受自己的惩罚。失贞的女人应该得到什么报应，我决不会首开避脱的先例。"话声甫落，她便从衣袍中掏出一把刀刺入心脏，应声倒下，就此香销玉殒。她的父亲和丈夫哀恸欲绝。两人只能呆立着无助地哭泣，但布鲁图斯拔出鲁克丽丝胸前染血的刀，举着它高喊："我要对这位烈女的血发誓：在她被暴君蹂躏之前，没有人比她更为贞洁，我也对上帝发誓，我要借助刀剑、烈火以及所有能让我更强大的东西，追捕骄傲者塔克文、邪恶的王后及其所有子女，决不让他们任何人再登上罗马的王座。"

布鲁图斯说到做到。因此，罗马共和政体的开启，是因为一位王子令人发指的罪行；是因为一个谨遵古罗马美德，视名节比生命更重要的女人；是因为一个男人要为她复仇的决心。

不过，罗马城里并不是所有人都想摘掉塔克文的王冠,有人密谋复辟,结果事迹败露。当时布鲁图斯是两位执政官中的一人,也就是取代国王的双首长之一。布鲁图斯正坐在公众会堂上主事审判,当密谋复辟者的名单在他面前摊开时,其中两人赫然是他的儿子。旁观的群众高喊,要他赦免自己的儿子,但布鲁图斯充耳不闻;他说,儿子犯法,与所有人同罪。他亲眼看着两个儿子衣服被剥光,受到鞭笞后被斩首处决。他毫无不豫之色,他对这个共和体制是这样的执着。

共和体制的怪物:大义灭亲

罗马人对布鲁图斯自然赞佩有加;要谈对共和制度的投入,这是最精髓的展现:你必须将所有的私人束缚、个人包袱置之度外,全心全意只以公众利益为念。罗马人称之为"virtus",意思是共和国美德——如今已无须服从王命的捆绑,共和体制要存续下去,共和国美德实属必要。你或许会认为布鲁图斯简直不是人,怎么忍心坐视自己的亲生骨肉遭受这样的酷刑?这种共和国美德创造了怪物。

图 4-1 扈从将布鲁图斯儿子的遗体抬进布府。雅克-路易·大卫绘于 1789 年。

奇怪的是,在法国大革命前夕,社会对罗马的共和之制有种近乎狂热的推崇,而且不只是那些想要改革君主专制的人。路易十六的宫廷画家雅克-路易·大卫(Jacques-Louis David)以李维述说的两个知名故事为题,画出了个中人物。第一幅画,他描绘的布鲁图斯不是坐在法庭上谴罚儿子,而是在家中看着遭斩首的儿子的遗体被抬进来。这位大义灭亲、毫不宽贷的父亲直视前方,雅克-路易·大卫借着此

图4-2 《荷拉斯兄弟之誓》,雅克-路易·大卫绘于1784年。

情此景,让他和那些因丧子丧夫而痛苦哭泣的女人形成对比。

大卫对共和国美德的第二幅颂扬之作是《荷拉斯兄弟之誓》(*The Oath of the Horatii*)。话说罗马与敌人起了纷争,双方做出不开战火的协定,只由各方派出三人竞武,依胜负结果解决争端。荷拉斯三兄弟是代表罗马前去较量的主将。在大卫这幅画作里,兄弟三人正在老父面前宣誓捍卫罗马的前途,三人将手放在自己的佩剑上，高举手臂行共和国的致敬礼——很像纳粹的行礼动作。画中的女人，这几位勇士的母亲和妹妹，再度流露出人性的脆弱，在男人即将远行之际悲伤哭泣。他们的妹妹尤其悲伤，因为她已与敌方的一位竞武代表订下了婚约。

这是一场惨烈、恐怖的殊死战，罗马史家李维笔下描述得丝丝入扣。结果只有一人活着归来，是荷拉斯家的兄弟之一，胜利因此归于罗马。胜利者回到家来，发现妹妹正在悲泣，因为她的未婚夫已被自己的兄弟杀死了。胜利者立刻取出佩剑，刺死了自己的亲妹妹，因为她在应该为罗马的胜利欢庆之际却在哀泣。这幅画传递的是同样的信息：为了国家，家族必须做出牺牲。这个兄弟因刺死自己的妹妹被带上法庭接受审判，但随即获得无罪的判决，因为荷家的父亲现身法庭，批评自己女儿的不是，对儿子的获释功不可没。

第一公民奥古斯都

在陷入混乱失序之前，罗马共和国延续了数百年

138

之久。这期间罗马不断扩张,几个南征北讨立下汗马功劳的大将军开始内斗,反目成仇。他们的下属对主子忠心耿耿,对共和国则不尽然。其中一名大将趁势崛起,征服了其他人,这人叫作盖乌斯·尤利乌斯·恺撒(Gaius Julius Caesar)。为了挽救共和以免沦为政治一言堂,前面提过的第二个布鲁图斯策划暗杀了恺撒,但此举反而引发了另一回合的大小内战;一边是布鲁图斯和他的密谋同伙,一边是恺撒的亲朋好友,双方互斗不休。最后,恺撒的养子屋大维(Gaius Julius Caesar Octavianus)战胜群雄脱颖而出,于公元前27年

图4-3 公元前27年,奥古斯都成为罗马帝国首位皇帝。

以奥古斯都(Augustus)的称号,成为罗马帝国的第一任皇帝。

奥古斯都非常精明能干。他保留共和体制:公民大会照旧,执政官依然民选。他不把自己叫作皇帝,而以"第一公民"自称。他认为自己的职务是推动者,或者说他扮演了推动者的角色,推动这个国家机器做适当的运转。他朴实无华,没有一堆扈从前呼后拥,时常连个贴身护卫都不带就漫步街头,与平民百姓无异;他会在元老院开会期间走进会堂,细听立法诸公进行辩论;他的个性平易,人人都能亲近。当时大家打招呼以及表示顺从的姿势依旧是高举手臂为礼。当你来到奥古斯都面前,你不必躬身或做出屈从的表示,只要跟这位皇帝互行招呼礼就好。

奥古斯都试图重建罗马美德。他认为罗马走向衰微是因为奢华堕落,他要重新塑造我们当今所称的家庭价值。他驱逐了一位叫作奥维德(Ovid)的诗人,因为这位诗人写道:生育过的女人不再美丽。他对当时正在写史的李维也颇有微词,因为他不喜欢李维将罗马近代的诸多纷争记录下来,不过关于罗马的美德——高尚行止和爱国情操,他和李维却站在同一边。

然而,有个罗马旧风是他无从恢复的,虽然罗马现在是个由奥古斯都安定统治的帝国,但他的助力并非来自军民两兼的公民,而是一支领薪的常备军队。

西罗马帝国是如何灭亡的?

这个帝国享受了两百年的承平岁月。在它辽阔的疆土上,罗马政令通行无碍,社会秩序井然。形式上,罗马依然是个共和国:皇帝并没有变成世袭——将王位传给自己的子嗣。继任者是由皇帝遴选,有无血脉关联皆可,再由元老院同意通过。尔后虽因争夺继承权而有血腥冲突爆发,不过在此之前的两个世纪,在位的皇帝大多能做出良好的选择,人选也都被和平接受。

公元 3 世纪,第一波日耳曼蛮族入侵,整个帝国几乎被夷为平地。浩劫过后,因着戴克里先(Diocletian)和君士坦丁这两位皇帝,罗马帝国重续命脉。为了稳固国防,这两位君主扩大军队编制,把许多定居于境内的日耳曼人网罗进来;为了养活扩增的军队,皇帝不得不增加税负;为了确保人民缴税,他们不得不实施更精确的人口登记,如此这般,官僚体系更加叠床架屋,而那些官僚就成了直接的统治者。初始的时候,为了维系和平,也为了拿到税金,他们允许不同的区域进行自治。

戴克里先为了控制通货膨胀,下令将哄抬物价的人处以极刑。为了养活日益扩充的军队,税负越来越重,但如果你是商人,却不准提高售价来筹措缴税的钱。所以,你或许会想,那干脆弃商退出也罢。对此戴克里先也有对策:你不但得继续经商,你的儿子还得继承父业。这些皇帝简直是狗急跳墙,他们不是在治理社会,而是欺压人民。一个社会受到如此统治,哪有余力甚或士气去抵挡下一波的外敌入侵?

公元313年,君士坦丁大帝正式表态支持基督教,部分原因是想为他的帝国增添力量。他所寻求的力量并不是来自教会这个组织——当时的基督教虽有成长,但依然是少数人的信仰。就像他许多的臣民,君士坦丁对古老的罗马神明已经丧失信心,他慢慢相信,最能保护他和这个帝国的是基督教的上帝。一开始,他对身为基督徒的义务仅有最模糊的概念,但他认为,只要支持基督教徒,他们的神就会恩赐于他。

戴克里先、君士坦丁和之后的几个皇帝越来越荒腔走板。他们开始模仿波斯皇帝,装扮成神的模样现身。他们长年居于深宫,不曾有人见过他们像奥古斯都那样,在城里任意游走。你要去谒见他们,必须先被搜身,然后蒙上眼罩,穿过迷宫似的巨大通道,目的是让你难辨南北西东,以防你心怀不轨图谋暗杀皇帝。等你终于见到皇帝的庐山真面目,你还得拜倒在王座之前,也就是整个人趴伏在地。

随着皇帝的钳制越来越紧,罗马的子民开始想办

	军队组织	政治背景	招呼礼仪
古典时期	军民两兼	公元前 500 年的希腊民主与罗马共和	共和国致敬礼
	领薪步兵	公元前 27 年,罗马第一位皇帝奥古斯都时代	共和国致敬礼
	领薪的外籍步兵	帝国末期的戴克里先、君士坦丁 公元 476 年罗马帝国覆亡	趴伏在地

法脱逃。那些大地主自己也不想付税,摇身成为反抗的据点,兼而保护在他们土地上做工的人。

在罗马帝国初期,这些工人都是奴隶身份,后来奴隶的来源日渐枯竭,因为罗马停止了征伐,地主就把田地分租给他人去耕种,这些人有些依然是奴隶,有些过去当过奴隶,也有的是寻求地主庇护的自由民。地主虽然痛恨(也极力避免)缴税给后来的皇帝,但对皇帝颁布的新律法却是举双手赞成:人民必须留在原地,任何佃农想要迁居都会被拘捕系狱。渐渐地,原本来自不同源头的佃农都沦落到相同的地位——在中世纪,他们被称为农奴,他们不像奴隶那样被人拥有,他们自己有田地和家庭,可是终生不得离开,还得做牛做马供养地主。

我们把公元476年定为西罗马帝国灭亡之年,在此之前,中世纪的社会形态已慢慢成形。当时已有大地主产生,他们住在高墙深沟环绕的宅邸里,既是发号施令的主子,也是这块土地上工作者的保护人。这些将对个人服从而非对国家(不管是共和或君主政体)服从作为维系力量的小社会,就此取代了西罗马帝国。但罗马的统治,始终余波荡漾在欧洲人的记忆里。

第五章

有国王的民主，没国王的极权

西罗马帝国灰飞烟灭，代之而起的是结构非常原始的国家。国王，也就是先前的日耳曼战士首领，他将土地分发给自己的子弟兵，而这些下属必须提供国王打仗所需的战力作为回报，一个国家就建基于这样的关系上。如此，国王不必征税或成立繁复的政府体系即可拥有军队。经由这种方式握有的土地后来被称为封地，拉丁文的"feudum"即是从这个名词演变而来，之后再演变成英文的"feudal"（封建）。

由于高度依赖拥有土地的重要臣民，封建制度下的君主势必处于弱势地位。理论上，封地既然是由国王分配出去,土地权应该掌握在他们手里才对,实际上却都成了以父传子的私有财产。大地主虽然肩负服从国王的义务,但他们大可违抗命令或置之不理;他们拥有军武力量,照说国王可征召来为自己效命,但这股军力也可能被用来对付国王,或是国王要他们顺从的时候反而处处刁难。他们住在城堡里,有能力抵御外敌——以及自己的主子。

那时军队的性质已经有了改变。古希腊和罗马时代,步兵是军队的核心,如今骑兵成了要角。马镫是东方的发明,此时传入了欧洲,更让马背上的士兵势如破竹。脚踩马镫坐在马鞍上,要比直接坐在马背上稳固得多,步兵不但更难将他拉下马,骑马的人还可将自己的冲力和重量与马匹结合,直如一体般活动自如。手持长矛、全力冲刺的骑兵是威力强大的战争武器,这些骑马的人称为骑士或见习骑士,也就是骑士的扈从。那些大地主——封地领主——可以提供许多骑士为国王服务。

互亲脸颊的君臣盟誓

领主和国王之间端赖个人的盟誓作为约束。宣誓服从的仪式是：领主屈膝跪下，双手合掌高举，国王以双手紧握对方的手，领主随即宣示自己今后是国王的人马，誓言效命于他。宣誓服从后，臣子起立，君臣两人并立，互亲脸颊。因此，这是一种代表服从也代表平等的仪式，象征着这种关系的本质：只要国王保护他，臣子便矢志效忠。自西欧有王国开始，统治者与被统治者之间就是一种不成文的契约关系，这个信念从来不曾完全消逝。

双手合掌是我们所知的祈祷姿势，不过基督徒一开始是站着祈祷的，他们面朝东方，亦即期待基督荣耀归来的那个方向，张开双臂。我们现今的祈祷姿势是模仿世俗领主宣誓顺从的动作，关于这个仪式以及它所代表的关联（它是根源于日耳曼还是罗马？），各界看法不一。在罗马社会，即使是它的辉煌时期，年轻人想出头都得找个赞助人当靠山，而当这个帝国日薄西山，越来越多人开始找势力强大的人当自己的保护者。不过,合掌和吻颊的仪式本身是始自日耳曼——这是部族首领和麾下战士之间创造出来的约束。

　　效忠国家跟效忠治理它的国王原本是两回事,但这种观念日渐消失。国王驾崩后,所有大臣都必须宣誓效忠新王,唯有如此,才能成立新政府。由于政府是种私人间的约束关系,国王可以像莎士比亚戏剧中的李尔王那样,将国土分给自己的子女——真实历史中的查理大帝也是如此,虽然他一直努力保持国土的完整。借由新一轮的宣誓效忠仪式,新

图 5-1　宣誓效忠图。出自日耳曼法律书《萨克森镜鉴》(*Saxon Mirror*) 手稿,该书编撰于 1220 至 1235 年间。

政府于焉成立。如此,血脉而非国土成了国家延续的关键。古罗马皇帝从没想过他可以将帝国分给自己的小孩,他的责任是维系帝国的完整,但当这个帝国一分为二、东西各据一方后,为改善国政与国防,国土就这样被分割了出去。

封建社会下,阶级不等于地位

由于立足点薄弱,封建制度的君主必须征询国内权势人士的建言。他们没有一支自己能够全权控制的军队,也没有常态的征税制度或行政部门,因此,在做决定之前,他们会邀集重要人士,听取这些人的意见并征得同意才能拍板定案。神职人员、贵族和平民三种不同地位(estate)的人必须到国会集合开会,听取建言就此成为正式的制度。

这里的"estate"意指"地位"而非"阶级";在中世纪,这个词是一群人的意思。当时的封建社会公认有三种组成分子:神职人员职司祈祷,贵族负责出兵打仗,然后就是平民百姓,也就是所有其他各行各业从事劳动与赚钱营生的社会工作者。"地位"和阶级

（class）有很大的不同。阶级和经济能力有普遍的关联，而这三种社会地位却是以功能作为分野：祈祷、打仗、劳作。同样地位的人贫富差距极大，拿神职人员来说，其中包括腰缠万贯的大小主教，也有一穷二白的地方神父；贵族当中有的地主富甲一方，也有的一贫如洗；至于平民，有的大商贾和金融家比贵族还有钱，还雇用许多平民替他们工作。能够派代表进入国会殿堂的是这些财力雄厚、坐拥恒产的平民，那些苦力劳工可不行——他们是有如半奴隶的农奴。

在当时的法兰西，整个国会分成三院开会，称为三级会议。其中一院专属于神职人员代表，一院是贵族代表，另一院是平民代表。至于英国，以大主教和主教为代表的神职人员连同贵族，一起在上议院或称贵族院开会，平民则有自己的下议院。当今的英国国会依然沿袭这些名称，就跟它的君主制度一样，都是从中世纪留存至今。英国今天是个民主国家，但它之所以跻身民主，是因为准许全民投票选举下议院的议员——此举是为了制衡贵族的权力，君主也因此成了虚位元首。这样的民主已经不复古典时代雅典的民主面貌。

中世纪的议会并不是政府的常态部门,君主若有特殊需要,才会召集他们来开会。通过立法并不是议会的主要职司;国会之所以召开,是因为君主需要更多的财政收入。当时的君权已从薄弱的基础慢慢往上增厚。他们靠自己的土地和固定税收获得财政收入,但若是开支增加——主要是因为战争,就得征收特别税,因此需要召集国会,通过加税之议。议会可以趁机吐吐苦水,并通过若干或由国王行政首长或由国会成员发起的新法。

中世纪的城镇日渐扩大,一种不同形态的政治组织随之成形;每个城镇先选出管辖市务的议员,再由议员们选出一个市长。中世纪时代,由于君主委实太弱,当城镇日益发展,他们不做直接统辖之图,反而允许城镇自治,交换条件是它们必须服从君命,缴交各种捐税。市议会聚集开会时,人人地位平等,互相宣誓,这样的世界和别处大相径庭——其他地方都是以主从关系来运作。

在一个王国境内,民选出来的议会和市长可以自己管理自己的市镇,这是欧洲才有的发明;实力坚强的君主不可能容许敌对的权力中心坐大,他们会

	军队组织	政治背景	招呼礼仪
古典时期	军民两兼	公元前 500 年的希腊民主与罗马共和	共和国致敬礼
	领薪步兵	公元前 27 年，罗马第一位皇帝奥古斯都时代	共和国致敬礼
	领薪的外籍步兵	帝国末期的戴克里先、君士坦丁 公元 476 年罗马帝国覆亡	趴伏在地
中世纪	骑士（兼职）	封建君主	屈膝跪地亲吻
		地位势均力敌的城镇自治政府	互相盟誓

派自己的人马去管辖那些市镇。在欧洲，随着商人、金融家和制造业者的荷包日益丰厚，权力也跟着水涨船高，就是拜这种半独立的地位之赐——国君为了掌控乡间坐大的贵族地主，越来越仰赖自治城市和它们的财富（借由征税或借贷取得）。这也是一种

极不寻常的发展。

弱势的君主和他们的贵族时有扞格,跟国会也是角力不断,直到进入近代,公元 1400 年左右,君主开始居于上风,封建君主慢慢转变成绝对的君主专制,不再仰赖议会鼻息。

事实上,这些君主并没有真的废除议会,只是不再费事去召集国会诸公来开会,因为他们找到了其他筹措财源的途径。法国国王开始变卖公职,如果你想当个税商,只要预付一大笔钱给国王,再从你向商人收取的费用里补回来就好。至于西班牙国王,则是因为发现了新世界——墨西哥和秘鲁的金矿而得到大笔横财。

君主专制,国王再度当家做主

"君主专制"这个词可能有误导之嫌。它不表示欧洲的君王能够恣意地为所欲为,他们并不是暴君;一般情形下他们有义务维护法律,确保司法以公平对待臣民;若是国家安全有虞,他们自己也可以处理。只是他们提倡"君权神授"的观念,指称国王是上帝派到凡间的使者,所以万民必须服从,这比起早期君王的说辞更为浮夸,但君主自己也得受这个规范的限制,因为他们知道,自己的治国成绩终究要受到上帝的审判。当然,比起之前的封建君主来,他们显得更尊贵,更遥不可及。君主与臣子互相亲吻的仪式不再,现在你得跪在国王面前,看他要不要把手伸给你亲。

这些国王用自己的经费买到了自己的军队,此时是步兵军团当道;中世纪后期,可将马背上的骑兵击落地面的新武器——长弓和长矛,被开发了出来。长弓得到英国的改进,这是一种比石弓威力更大的武器,英国的长弓手可以用它洞穿骑兵盔甲,让敌兵跌落马背。法国人原本认为用这种武器打仗太不光彩,拒绝就范。就像第一次世界大战时大家谴责机关枪一样,法国军人一开始也谴责这些长弓手,结果兵败如山倒,不出多久,法王自己也有了长弓队。

长矛则得到瑞士的改良。你把这种又长又重的矛扛在肩上前进,与敌人对垒之际,一团步兵排成方阵,将长矛放低就位,向外齐刺,进攻的敌方骑兵不是被刺中落马,就是马匹被长矛刺穿。

没想到这些君王一拥有自己的军队，却是拿它来对付自己的臣民——那些忤逆国王的大贵族或是拒绝缴税的穷佃农。于中世纪末期传入欧洲的火药，是国王控制臣民的一大助力，国王的军队可以对准城堡发射炮弹，城墙便应声而倒。

彼时欧洲已恢复到正常状态：真正当家做主的是政府，但由于统治者一开始备受被统治者的掣肘，这样的怪现象依然影响深远，余波荡漾。就像在英国，尽管王权升高，但议会存活下来且势力更增；在法国，某位君王则不得不让停摆了一百七十五年的三级会议再度重见天日。

在欧洲大陆，由于各国之间战火不断，国王大有理由扩充军队。不过，在英国，为了保卫国家，英王需要海军更甚于需要陆军，但海军不能拿来对付国内反抗的臣民，而英王若想维持一支庞大的常备陆军，又会被视为违反英国的自由原则，因此，英王若想取得在必要时能拿来对付臣民的武力，可谓难上加难。然而，到了17世纪，英王还是做了尝试，意图跟随其他欧洲国家的路线，变成绝对的君主专制。

做出这个尝试的王系，是祖先来自苏格兰的斯图亚特王朝（Stuart line）。终身云英未嫁的英格兰伊丽莎白女王（Queen Elizabeth）于 1603 年过世，王位传给苏格兰的詹姆斯六世（James Ⅵ），因此，除了这个身份，他也成了英格兰的詹姆斯一世。在他之后，所有斯图亚特家族的继承者都是这两个王国的共同统治者。

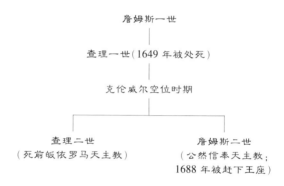

詹姆斯一世
|
查理一世（1649 年被处死）
|
克伦威尔空位时期

查理二世　　　　　　　　　詹姆斯二世
（死前皈依罗马天主教）　　　（公然信奉天主教；
　　　　　　　　　　　　　　1688 年被赶下王座）

国王斗国会，国会杀国王

詹姆斯一世、其子查理一世、两个孙子詹姆斯二世及查理二世，都和国会争吵不休。这些国王每每拙于应付国会，可是他们面对一个现实的难题——他们需要更多财政税入，但当他们找国会商量加税，国会却提出要求,希望提升对国家政策的掌控。想当然耳,国王拒绝让国会插手,他只好另辟蹊径寻找财源,极力避免回头去找国会。这自然引起国会更多的狐疑,在他们看来,国王似乎打算仿效欧洲别国君王正在做的事:完全架空国会。

不过,真正让这些冲突白热化,使得国会诸公准备为理想冒生命危险的导火线,却是宗教因素。由于斯图亚特王朝的国王若不是天主教徒,就是娶了天主教徒为后,在信仰英国新教的臣民眼里,他们怎么说都是不够忠贞的。

宗教改革之后,英国成了新教国家,不过过程和宗教革命的起源不同,英国并没有出现一位马丁·路德式的人物。英国之所以走向新教,要拜亨利八世之赐。亨利八世大名鼎鼎,因为他娶了六任王后。他的原配王后凯瑟琳是天主教徒,可是她没有尽到她最大的义务:生个儿子继承王业。要解决这样的难题,一般是由教皇找个理由宣布婚姻无效,但这位教皇私心自用,不愿得罪王后的家族——西班牙的统治者。因此,亨利于 1534 年自行宣布,自己是英国天主教会的领袖,任命了一个愿意宣布他与凯瑟琳婚姻无效的大主教,随即把第二任妻子安妮·博林(Anne Boleyn)娶进门。在亨利八世之后,已被正名了的英国教会更逐步朝新教趋近,但若干天主教仪式仍然保留,主教、大主教的职位也依然如故。此举激怒了一些眼红的新教徒——希望教会进行彻底改革的清教徒。

詹姆斯一世拒绝了清教徒的改革要求,但他做了一个重大决策,同意将《圣经》翻译成英文,这个版本活泼但不失典雅,成为英语世界后三个世纪共同奉读的《圣经》版本。詹姆斯的儿子查理一世对现今称为英国高教派(High Anglicanism)的神学和仪式情有独钟,但不只是清教徒,就连大部分的新教徒都认为这个教派太偏近天主教色彩。查理一世却强迫英国教会接受他的见解,此举大大冒犯了英国教会,毕竟它是名正言顺的官方教会,而且查理一世还是它的最高领导者。查理虽非天主教徒,但王后笃信天主教,还特别安排自己的神父在宫廷之上参与弥撒,总之,英王由偏新教变得偏天主教了。

查理和国会的关系不久就因为宗教问题走到了死胡同,治下连续有十一年没有召集国会;他当然有权这样做，因为唯有国王下令，国会才能召开。只要他够小心，或许有办法永远不召开国会，但愚蠢的是，他硬要他统治的另一个王国苏格兰的人民接受他喜欢的礼拜仪式。没想到苏格兰人更虔信新教、民族性更烈，他们组织了一支军队进入了英格兰，逼迫查理打消此念，导致查理需要军队来抵御这批苏格兰人，至此不得不召开国会，寄望它通过税制以筹措军费。

此时国会的机会来了；它提出议案，一面限制国王对教会及国家的权力，一面扩张自己的权力。它处决了查理的第一辅相和高教派的坎特伯雷大主教。一开始查理只能任由国会摆布，后来集结了一批保王党的支持，国会派和保王派就此开战。这场战争最后由国会取得胜利，首领克伦威尔（Oliver Cromwell）成立审判庭，于 1649 年处死了查理一世。克伦威尔接替了国王的统治地位，他召开国会，后来却跟国会闹翻；在他有生之年，英格兰实际上是军事独裁的局面。克伦威尔死后，他麾下一个将领重新召集查理年代的国会，并将查理流亡在外的儿子查理二世迎回接续王业。

查理二世接掌政权后,在国王和国会的权力上并没有做正式的改变,不过他父亲被处死是个鲜明的警示,要他不能过分主张自己的信仰。他对天主教抱持同情,死前正式皈依为天主教徒。虽然他跟好几个情妇生有许多子女,但与王后并无子嗣,因此王位最后由他的弟弟、公然信奉天主教的詹姆斯二世继承。国会千方百计,希望通过立法排除詹姆斯的继位权,查理则以解散国会作为回应。然而,没有国会,他就不能加税。

对于这个难题,他的解决方法是私自收受法兰西国王路易十四(Louis XIV)的资助。路易十四是个专制君主,为了让法国成为彻底的天主教国家,他将过去对新教徒的宽容措施一笔勾销,成千上万的新教徒只好逃往国外。1685年,以新教为主流的英国将信奉天主教的詹姆斯二世迎为新王之际,法国的新教徒正饱受攻击。

新教领袖拥立新教国王

尽管自知不得人望,詹姆斯二世却没有因此更加谨言慎行。他公然提倡天主教,深信它是唯一的真理。在饱受内战蹂躏和接踵而来的军事独裁后,英国很多国会成员打算对詹姆斯二世公然提倡天主教的所言所行睁只眼闭只眼,偏偏他的王后、笃信天主教的第二任妻子,为他生下了一个儿子,眼看英国即将产生一系血脉相传的天主教国王时,国会上上下下都决定要除掉他。几个国会领袖私下邀请某个信奉新教的国王进侵英国,取得了王位。这人是个荷兰人,世称威廉三世,他的妻子是詹姆斯二世与第一任信奉新教的王后所生的女儿玛丽。威廉三世是欧洲捍卫新教的斗士,为了保护荷兰不受路易十四的侵犯而奋战不屈。

没流一滴血,"光荣革命"

这场政变的过程非常平和。威廉三世挟着顺风之势,迅速穿越了英吉利海峡。他一登陆,詹姆斯二世的军队几乎全面倒戈,归顺敌人阵营。詹姆斯二世逃到了爱尔兰,这对国会来说倒也方便,因为不必对他进行审判或砍他的头,只消宣布王位空虚,随即拥立了威廉和玛丽为共同君主。

在国会操盘下,国王和议会的权力至此已被重新洗牌,威廉与玛丽之所以戴得上英国王冠,即是以接受以下这些条件为前提。这份改写了宪法的文献名为《权利法案》。它是议会权利以及个人权利的综合体:

个人权利:

人民有向国王请愿的权利[教会人士曾向詹姆斯二世请愿,希望国王更改他的宗教政策,结果遭到詹姆斯惩罚]。

人民不得被课以过高的保释金和罚金。

人民有不遭受残酷与非常惩罚的自由。

新教徒有携带武器的权利。

陪审团成员不得由国王选派。

以现代标准来看,这份文件对人权的保障颇为有限,但它是其后所有权利表述的奠基石。例如“不得施加残酷和非常惩罚”这一条,美国甚至照章全收在它的《人权法案》里。

议会权利：

国王必须定期召开国会会议。

国王不得延宕或搁置法令［詹姆斯二世对不利于天主教的法令即百般推迟］。

没有议会同意，国王不得征收税赋［詹姆斯二世和他之前的君主都是利用国王的威权征税］。

没有国会同意，国王不得于和平时期设置常备军队［詹姆斯二世就设了一支］。

国王不得自设法庭［詹姆斯二世曾经自设法庭以落实他对教会的掌控］。

国王不得干涉国会议员的选举［詹姆斯二世曾经暗中运作，试图选出一个比较赞同他想法的议会］。

国王不得干涉议会的言论自由；议员发表言论时不用担心会受到法律制裁［如今称为议会特权］。

就这样，英国国会让自己成了宪政体制的一个常设单位。整个过程没有流一滴血,史称"光荣革命"。国君依然握有相当的权力:挑选首长,拟订政策,缔结条约,对外宣战。不过,由于国君只能在国会同意下得到税金,国君选出的行政首长必须获得国会的支持。久而久之,这条限制就衍生成这样的制度:表面上国家的执政者是君主或王室代表,但无分大小国事,他们都得听从各部首长的建言,而这些首长必须向国会负责。这是英国现行的制度,所有跟着英国西敏寺萧规曹随的国家政府亦是如此。

威廉与玛丽没有生儿育女。在他们之后,詹姆斯二世的另一个女儿,也就是玛丽的妹妹安妮女王继位,但她的小孩没有一个存活下来,因此议会必须决定下一任的王位继承人。多名斯图亚特王室后裔拥有名正言顺的继承权,但因为他们全都信奉天主教,国会因此完全不予考虑,最后选中了詹姆斯一世信奉新教的外孙女,汉诺威(Hanover)选帝侯夫人索菲娅(Electress Sophia of Hanover),成为王室的新血脉。但就在国会靠着运筹帷幄,终于得到了它心目中想要的君主之际,没想到索菲娅竟然早安妮女王数星期死去,于是由她不会说英语、多数时间都待在

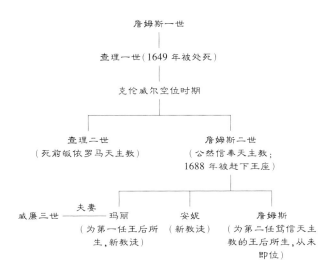

詹姆斯一世

查理一世(1649年被处死)

克伦威尔空位时期

查理二世　　　　　　　詹姆斯二世
(死前皈依罗马天主教)　(公然信奉天主教;
　　　　　　　　　　　1688年被赶下王座)

威廉三世 ——夫妻—— 玛丽　　　安妮　　　　　詹姆斯
　　　　　　　　(为第一任王后所　(新教徒)　(为第二任笃信天主
　　　　　　　　生,新教徒)　　　　　　　教的王后所生,从未
　　　　　　　　　　　　　　　　　　　　即位)

德国汉诺威的儿子乔治继承了王位。

为了确保这位新教国王的地位,国会颁布了两项重要条款,迄今依然是英国宪制的一部分:

1. 英国国王必须信奉新教,必须是英国教会成员,且不能与天主教徒结婚。

2. 法院法官由英国国王指派,但唯有两院皆投票通过,才能撤除其职。

这部《权利法案》为国会,也就是立法单位确立

165

了它在政府体制里的强势、常设、独立的地位。法官的独立性也因此获得了保障，不再受任命他们的行政官——国王和他的诸相所左右。英国至此被底定为新教国度，而新教，被视为是自由人权的保证书。

新教教义从一开始便是以保障个人自由为出发点，因为它干冒教皇和主教的权威，提升了个人的意识和地位。在英国，它与自由的关系更是密不可分，因为英国的敌人——法国和西班牙的专制君主都是天主教徒，而那些试图架空议会的英国国王不是信奉天主教就是对天主教手软之辈。保存国会与保存新教信仰合而为一，成了殊途同归的新教志业。

国会的组成分子，亦即英国的贵族和土地士绅阶级，就这样建立起一个自由国家的制度面，但它的思维并不全然出于追求自由，因为它是奠基于对天主教的敌视，不是因为推崇自由原则才走到这个局面。

国会总是宣称，它只是要保存古来就被赋予的权利和自由。国会成员是且战且走，在与王室的长期抗争中才想出如何制止那些动心起念，意图在这块土地上推行专制的国王：国王一定得召开国会会议，没有国会同意他无法征税，且法庭绝不能被国王左右。直到胜利在握,这几个大原则才变得清晰鲜明。

看完《政府论》,美法搞革命

拟定这些自由原则用以支持这场国会政变的是英国哲学家约翰·洛克(John Locke)。他的著作《政府论》(*Two Treatises on Government*)出版于 1690 年,彼时革命才刚尘埃落定。洛克的主张是:依据罗马自然法的观念,每个人都拥有与生俱来的生存权、财产权和自由权,而透过政府的成立,人民有如和政府签下契约:人民授予政府权力,为的是让自己的权利得到保护;如果政府不能保护人民的这些权利,人民有权解散政府,重新建立新的政府。过去有关国王如神祇一般的地位、臣民服从君命的义务,这些观念通通都被扫到一边,成立政府已与签订一纸商业契约无异。

不过,这位思想家并非提出"政府论"的第一人;过去的封建君主和臣民之间早已存有这样的默契关系,而随着国会存续下来,治国要站在人民这边而不是与之为敌的观念，也得以留存——虽然或许只留存在人民的脑海里。

在英国，洛克这本著作使得过去发生的种种，有了正当理由而不再被视为是革命行径；尔后发生在美国和法国的反抗风潮因它有了起义的凭借，新的社会秩序也拜赐于这些白纸黑字的权利而得到界定。

网球场誓言

法国革命之初，目标是创造一个像英国那样的君主立宪国家。1780年代，改革派的机会来了，因为这时国王已濒临破产。路易十六揽来一些财务大臣进行改革，计划将行将瓦解的税务制度统一化，让它更公平也更有效率。这些变革最特别的一点，是有史以来第一回，要贵族跟所有百姓缴同样的税。在过去，贵族以功在家国、把自己和属下贡献给国家去打仗为由缴交较少的税，如今国君已不再凭借这种方式得到军力，对于这样的税制改革，贵族当然群起反对。

在此之前，专制君主为了建立一个自己能够掌控的国家而把贵族打入冷宫,但并没有完全废绝他们;贵族依然享有极大特权,在法院(负责验证王室血统)、宫廷或军队里都位居要津。面对新的缴税之议,他们掀起反对的滔天巨浪,理由是这是对他们古老权利的"暴政"侵犯,怪的是,贵族的这股抵抗竟得到大众的普遍支持,显示当时王室的权限实在有限。如果是个更大胆、更有决心的国王,或许会继续进逼、强渡关山,但路易十六却接受了所有人等的意见——新的税制只有靠议会开议才能施行。如此这般,在睽违一百七十五年后,三级会议重新开了张。

接踵而来的是激烈的争执:该如何聚集开会。法国社会的三个等级:神职人员、名门贵族、平民百姓(或称第三等级,法国对庶民的总称),分别有自己的议会。任何措施在采行之前,必须取得所有这些议会的同意。平民百姓的领袖以律师为主,深知如果通过的前提是取得贵族和神职人员的首肯,法国制定新宪法的机会可说是微乎其微,于是他们提出请求,要三院齐聚一堂一起投票,并以尊重平民百姓的人数、行业和财富为由,让第三等级的代表席位增多一倍。

一开始,路易十六拒绝改变昔日的集会模式,后来让了半步——果真是路易风格,把事情搞得更糟。他同意倍增平民等级的代表席位,但三院还是要分开集会。如此一来,第三等级的代表人数是多是少根本无关紧要,不管他们做出什么提议,都可能遭到贵族和神职人员的否决。

1789 年,三级会议正式召开,但争议仍未平息。平民等级自命为正统的国民议会,于是邀请贵族和教会人士加入。一天,他们来到凡尔赛宫的会议室,发现房门上了锁,这些房门之所以被锁住,只因为里面正在油漆粉刷,可是这些平民代表却是心惊肉跳,生怕国王拒他们于门墙之外。他们当下进入近旁一个室内网球场,发誓不为法国创造出一套宪法绝不解散。宫廷画家大卫曾经就此情此景草绘出一张图《网球场誓言》(*Tennis Court Oath*),是有名的艺术忠于人生的写照。

五年前,大卫曾绘出《荷拉斯兄弟之誓》,画中荷家老父协同三个儿子双臂高举,做出共和国的宣示礼。这些平民等级的革命者在宣誓让法国立宪之际,做的是同样的动作。

图5−2 《网球场誓言》，雅克-路易·大卫草绘于 1791 年。

现代民主的奠基文献

　　确实有不少神职人士和一些贵族跑去参加国民议会。路易十六表示，他愿意在宪法中给平民等级永久的一席之地，但就是不准三个等级一起开会。他威胁平民议会说，如果不肯回到三院之一的地位，就要动武。可是，当对方强硬以对，他又成了缩头乌龟。这位国王让步了，极其软弱地指示其他两个等级加入国民议会。

171

这个议会的领袖都是启蒙运动的代表,有着非常清晰的自由与平等观念。他们提出的口号是自由、平等、博爱。该议会并以《人权和公民权宣言》(*Declaration of the Rights of Man and of the Citizen*) 为题发出文告,其中的权利不只法国人能享有,更普及天下所有人。主要章节摘要如下:

> 人类与生俱来地拥有自由与平等的权利,并且始终如此。
>
> 这些人权包括自由、财产、安全、反抗压迫的权利。
>
> 整个主权的本源乃寄托于全民。
>
> 所谓自由,意指有权从事一切无害于他人的行为。
>
> 不管是亲身或透过代表为之,每一位公民皆有权参与法律的制定。
>
> 法律只应规定确实必要的刑罚;任何人均不得被控告、逮捕与拘留,除非在法律规定的情况下并按照法律程序为之。
>
> 任何人不应因其意见,包括其宗教观点

而遭到骚扰。

　　每一位公民都有发表言论、写文章与出版的自由，但若在法律所规定的情况下滥用了这项自由，仍应负担责任。

　　权力的分立未能得到确立的宪法根本不能称为宪法。

　　这是一份光彩耀目的文件，是现代民主的奠基文献，可是它注定要引发一场不光彩的革命。

　　拟定这些原则的人希望法国效法英国施行君主立宪，但如果统治权寄托在全民手里而且号称人人平等，那国王有何保障可言？而且，这份文献的起草人在研拟宪法时，不只希望自己成为执政者，还规定只有拥有资产的人才能投票。可是，既然口口声声说人人平等，怎么可以把一般庶民排除在外呢？庶民眼见这款宪法草案只有诉诸行动抗争，路易十六才不得不假意接受这项宣言——大批市民涌向巴士底狱，逼国王离开他的凡尔赛王宫，跟巴黎的市民一起生活。推动这场革命成功的平民百姓，并没有退场的打算。

	军队组织	政治背景	招呼礼仪
古典时期	军民两兼	公元前 500 年的希腊民主与罗马共和	共和国致敬礼
	领薪步兵	公元前 27 年，罗马第一位皇帝奥古斯都时代	共和国致敬礼
	领薪的外籍步兵	帝国末期的戴克里先、君士坦丁 公元 476 年罗马帝国覆亡	趴伏在地
中世纪	骑士（兼职）	封建君主	屈膝跪地亲吻
		地位势均力敌的城镇自治政府	互相盟誓
近代	领薪步兵（英国：海军）	专制君主（英国：议会政府）	吻手为礼
	军民两兼（征兵）	1789 年法国大革命	共和国致敬礼

搞极权的法国大革命

然而,要法国像英国那样创建宪制或来场类似1688 年的不流血革命,期待不仅过高,过程也艰险重重。当初这场起义就没有按照新的原则发展,何况如今新的原则更是要求太过,路易十六不久就声明自己并没有接受这些原则,而且若能重新掌权,定会恢复旧规,让所有的改变化为乌有。这给了激进分子可乘之机。他们振振有词,说为了稳固变革措施,自己必须和人民联手统治国家,要不就罢黜国王。这番论议激起了渴望变革人士的回响,但它带来的却不是让人民当家做主的民主式改变。

革命党很快就陷入内斗。大卫一直没把《网球场誓言》的草绘图变成完整画作,原因之一是当年在场的许多人都被以"革命之敌"的罪名送上了断头台。这些激进分子因为都在一所称作雅各宾(Jacobins)的修道院开会,因此称为雅各宾派。他们奉手段冷血、意志如铁的罗伯斯庇尔(Maximilien Robespierre)为领袖,摇身成了一个专制独裁的革命党。他们把路易十六推上断头台,在国民议会中铲除异己,关闭不同意见的报社,私设非法法庭处决革命叛徒。他们义正词严,为自己的独裁行为辩护,说法国如今正处于存亡危急之秋,为了逼迫其他欧洲君主遵循《人权宣言》的原则,不得不与他们为敌。为了达到这个目的,革命党征召全国所有男性加入,创建了一支全民皆兵的新形态军队。

这些革命党人读过李维写的罗马史书。这个暴政革命党的头号圣人是大义灭亲地点头处死自己两个儿子,并创建了罗马共和国的布鲁图斯(详见第四

图5-3 米拉波(Mirabeau)肖像,法国大革命初期的领导者。他的身旁是一尊布鲁图斯半身像;身后墙上挂着大卫画作,画中是看着已遭处死的儿子被送回家的布鲁图斯。

章）。议会的讲台旁立着一尊布鲁图斯的半身像;街道被重新命名为布鲁图斯街;爸爸妈妈替小孩取名为布鲁图斯。既然雅各宾派创建了共和国,民众再也不能玩绘有国王、王后、卫士等人物的牌戏,取而代之的是圣徒、贞女、武士的图像,而布鲁图斯即是圣徒之一。国王被拿来和暴君塔克文相提并论,而跟罗马共和一样,呼吁恢复帝制就是犯法。这个没有通融余地的共和国美德:为了国家什么都可以牺牲,肝脑涂地在所不惜,并认为那能够净化灵魂,乃是罗马共和对世界上第一个现代极权国家的最大影响。

第六章

皇帝和教皇到底谁大？

　　欧洲的历史是从一个伟大帝国和它的崩灭开始的。欧洲从罗马帝国汲取了太多东西,欧洲的形成因此深受这个帝国的崩灭的影响。爱德华·吉本(Edward Gibbon)为他的历史巨著《罗马帝国衰亡史》(*The Decline and Fall of the Roman Empire*)取的名字,已经深深烙印在我们脑海。

　　想想看,在那样的盛世之后,知道过去曾经有过如此伟大的文明,而今却已灰飞烟灭,会是什么样的滋味? 可是,如果你问一个中世纪的贵族或学者,活在罗马帝国已经不再的今天是什么滋味,他们一定一头雾水。因为在他们看来,罗马帝国依然是存在着的。事实上，直到 19 世纪，某个称作罗马帝国的东西依然存活在这个世界上。罗马最后一位皇帝的血脉可以远溯到奥古斯都，怎么会这样呢？

奥古斯都于公元前 27 年开始统治天下，他所建立的帝国在西方延续了五百年之久。公元 400 年左右，这个帝国永久分裂为东西两半，而东罗马帝国又继续存活了一千年，直到 1453 年才终于气绝。入侵西罗马帝国的蛮族对东罗马帝国的统治权是承认的。法兰克王国的第一位基督徒国王克洛维一世（Clovis），就是从东罗马皇帝手中得到"执政官"的封号；而并没有随罗马而逝的教皇也承认东罗马皇帝的地位，在这位最高宗教领袖眼里，虽然蛮族数度入侵而西罗马帝国也已沦亡，但旧秩序的关键部分依然完好无缺。在罗马有个教皇，在君士坦丁堡则住着一个信奉基督的罗马皇帝。教皇和皇帝这两大权力中心，即将共同统理这片基督教江山。然而，当教皇亟需东罗马皇帝协助时，这位皇帝却力有未逮，无法伸出援手。

教皇需要查理保护

对这位教皇的威胁来自伦巴底人（Lombards），是 8 世纪时第二波入侵的日耳曼民族。他们志在必得，打算完全占领意大利，包括罗马和它周遭的地区。对教皇来说，这是莫大的威胁。

即使在今天，教皇依然拥有他个人的领土：梵蒂冈城。城虽不大，但毕竟是他自己的领土，并不是意大利的一部分。历代教皇一直担心害怕，如果自己不是领土的最高元首，他们的独立地位就会化为乌有。想想看，要是梵蒂冈仅是意大利的一部分，意大利可能通过法令，说所有阶层必须工作机会平等，包括教会组织。如此一来，教廷可能会因为从未任命女性为主教，遑论女性教皇而接受调查。意大利政府可能会对教廷的财富课税。说不定意大利还会通过立法，要梵蒂冈在所有的公共厕所里放置保险套。

同样的道理，8 世纪时的教皇也不愿臣服于伦巴底人治下。他向东罗马帝国皇帝求援，但皇帝正为应付入侵的穆斯林忙得焦头烂额，教皇于是转而寄望阿尔卑斯山之北的法兰克人。日耳曼民族在西方建立了许多国家,法兰克是最强盛的一个。信奉基督的国王丕平(King Pepin)南下意大利,平定了伦巴底人。他也许下重诺,要将罗马周遭一大片土地留给教皇,让教皇全权拥有。虽然疆界历经多次更变,教皇这块地盘一直幸存着,直到19世纪,意大利成了一个统一国家,教皇的王国才缩减为它今天所拥有的方寸之地。

查理一世,或称查理大帝,是丕平三世的儿子。他大大拓展了法兰克王国的疆域。他的领土横越比利牛斯山,远抵意大利,达于包括了他父亲分给教皇的土地在内的意大利中部;东至奥地利,深入现代德国的地盘。自从罗马帝国灭亡,除了拿破仑和希特勒昙花一现的帝国时期,没有一个欧洲国家曾经拥有如此广袤的疆土。在德意志,查理大帝和当地一些没有进入罗马帝国的东边异教徒萨克森人正面交锋。萨克森人不信基督,查理大帝给他们两条路选:要不皈依基督教,要不被当成奴隶运回他的帝国本土。

公元800年,查理大帝来到罗马,在大教堂里参

图 6-1　法兰克王国不断扩张,除了今天的法国,德国、西班牙和意大利的部分区域也都在其版图之内。

加圣诞节弥撒。仪式过后,看似毫无预警地,教皇将冠冕戴在他头上,宣布他为罗马帝国的皇帝。他让自己登上帝位,是为了建立一个能够保护自己的权力中心,但这个举动不啻是背弃了东罗马帝国的皇帝,他必须找个理由解释。那还不容易! 在东都君士坦丁堡,现在的皇帝是个女人,这女人弄瞎了儿子的眼,除掉了这块挡路石,把自己捧上了王位。在教皇的律令下,她已不再是西方的皇帝。

公元 800 年圣诞节这天,大教堂里到底发生了什么事,在后代的皇帝和教皇之间曾经掀起很大的争论。教皇这方强调,既然是教皇将冠冕戴在查理大帝头上,这就表示教皇权力高于皇帝。可是,当教皇为查理大帝加冕后,他向查理鞠躬示敬,皇帝这方因此理直气壮,说教皇此举等于承认皇帝权力凌驾于教皇之上。皇帝这派甚至指出,查理大帝早已凭借一己之力成为一个强人,他的势力并不是依靠教皇的加持。

查理大帝建立的帝国和罗马帝国大不相同;身为统治者,他的治国风格也与罗马皇帝南辕北辙。基本上,他是个蛮族出身的国王。他孜孜教育自己学会阅读,能读拉丁文,可是书写始终有困难。直到晚年,他的床边一直放着一个练习写字的蜡板,但始终不得写作的要领。不过他深知,帝国是一股文明的力量,这是他以罗马为鉴学到的观念。他的日耳曼祖先靠掠夺维生,为了掠夺更多,这才深入罗马帝国之境。

文明要靠查理保护

你可以组成这样的政府:确立一个强取豪夺的体制,让有权力的人财富更增,让他们的亲友鸡犬升天,古今中外,这样的政府所在多有。圣奥古斯丁(Saint Augustine)的年代正值罗马帝国气数将尽,他在著作《上帝之城》(*City of God*)里写道:"如果没有公义存在,王国除了强取豪夺还剩下什么?"查理大帝熟悉这本书,对于这点了然于心;圣奥古斯丁是他最喜欢的作家之一。对于异教徒萨克森人,他可以残忍、蛮横以待,直到他们归顺基督为止,可是一旦他们成为他治下的基督徒,他便以公正为己任,务使他们得到公平的统治。

查理大帝虽然自我教育的成效不彰,但他提倡教育,对饱学之士也鼎力支持;他下令学者四处搜寻古代经典,进行抄写。当今所有留存于世的拉丁文作品几乎都是查理大帝掌政时期的复制本。没有他,这些经典遗产留存的可能性微乎其微。

查理大帝面对极大的障碍。他底下没有官僚体系,沟通管道阙如,商业不振,城镇规模极小,到处兵荒马乱。种种情境都和罗马帝国大相径庭。他的统理模式是在领土内广派公爵、伯爵坐镇,一方面让地方领主不敢造次,另一方面督使他们服从查理大帝。这个帝国没有宪法基础,政府施政端赖领袖个人的权力。

查理大帝将他的宫殿盖在亚琛(Aachen),他的疆域中心附近。亚琛位于当今德国的西部,靠近德国和比利时的边界,如今只有大教堂犹存于世。大教堂依罗马风格而建,也就是屋顶呈圆拱状的罗马式建筑。支撑教堂圆顶的大柱是真正的罗马遗物,是查理大帝特地从意大利运回来的。

千辛万苦建立起一个庞大帝国后,查理大帝决定遵循日耳曼习俗,死后将土地分给几个儿子,可惜他只有一个儿子存活下来,帝国的分家直到他孙辈那一代才得以实现。而这几个孙子内讧互斗,查理大帝的帝国从此一分为三;西边那块最后变成如今的法国,东边变成今日德国的原始地。可是,几个孙子你争我夺,加上维京人入侵,一片混乱中,查理大帝的治国方略已荡然无存。各地的伯爵、公爵纷纷

自立门户,成为独霸一方的强人,不管谁当国王都是
"帝力于我何有哉",服从性微乎其微。欧洲回复到
罗马覆亡初期的局面:权力大为分散,国王必须先降
伏山头分立的伯爵、公爵,才可能让强大的王国重现
人间。

查理大帝建立的帝国消失了,教皇也失去了保
护他的强人。有一段时间教皇得过且过,哪个地方
王侯支持他,他就把谁加冕为帝。公元962年,由查
理旧帝国分出去的德意志境内终于出现一个强大的
新王,奥托一世(Otto The First)。教皇为他戴上罗马
帝国的皇冠,从此以后,无论何人登基为德王,在受
教皇加冕后也兼任罗马帝国的最高元首,亦即后来
的神圣罗马帝国皇帝。

皇帝巴结地方"角头"

在欧洲,只有德意志的国王是选出来的。早在
入侵罗马帝国之前,日耳曼民族的传统就是继承制
与选举制的混合。王位候选人都是某王室家族的男
性子嗣,这是为了确保选出的国王流着优良战士的

血液,这些日耳曼蛮族可不希望被一个手无缚鸡之力的阿斗统驭。

在法国,有很长一段时间正好所有的国王都生养出能干的儿子,慢慢地,世袭就成了决定谁能登基成为法国国王的唯一途径。可是,德意志的国王没那么会生好儿子,因此选举制不仅维系不坠,更由于德王还要兼任神圣罗马帝国的皇帝,选举的角色更形吃重。皇帝既然统领大片的基督教江山,再加上选举制把关,理论上,任何信奉基督的候选人都有机会雀屏中选,但事实上,中选者几乎都由德意志某家族的王储包办。一开始,主教、爵爷等地方强权人士都有选举权,为数众多;到最后只剩下七人具有"选举人"身份。

跟全世界的国王一样,这位德意志君王兼皇帝也为了压制地方强人而伤透脑筋——这些人有的还是他的选举人。由于皇帝必须巴结选举人才能登上宝座,有时候他不仅不敢施展帝威,反而退让三分。除了地方上的权力斗争,数百年来皇帝还涉身于另一场争斗,对手是论权力、论地位都势均力敌的人物——教皇,使得情势更加复杂。

教皇和皇帝的权力日增,彼此都有推动之功。皇帝一直是教皇地位的捍卫者,在保护教皇的属地方面尤其举足轻重。他们偶尔也会插手罗马教务,目的是确保教皇乃信仰虔诚之辈,以免哪个投机人士坐上圣彼得(他是第一任教皇)的宝座。教皇借着为皇帝戴上冠冕、赐予罗马皇帝封号,使得皇帝的威权更增,但自11世纪后,这对搭档开始反目,因为教皇坚持教会事务应由罗马治理,国王和王侯贵族都不能插手。

天主教会是中世纪时期最庞大的国际组织,可是它的力量始终削弱不振,因为不管是国王还是地方权力掮客,都想左右他们地盘内的主教人选。他们汲汲营营,并不仅是为了在教会事务上有发声余地;主教底下会被赋予许多职缺——司铎(通称神父),教会的行政人员,同时掌控大片土地,也就是教会的收入来源。有时候,国土有三分之一是掌握在教会手里,在德意志地区更近乎一半。那些拥有世俗权力的人因此虎视眈眈,亟欲影响有能力施展莫大教权的主教。

当我们说教会是个国际组织时,不妨这样想象:

从事汽车制造业的丰田汽车,总公司设立在日本东京,假设丰田澳大利亚分公司的执行长必须由澳大利亚总理任命,厂长则由当地市长指派。体制上,这位厂长和执行长必须听从东京总公司的指令,但实际上,由于任命他们的是澳大利亚的总理和市长,他们当然会瞻前顾后,小心不要得罪了他们。更何况,澳大利亚的总理和市长指派的人选不见得很懂汽车,他们想讨好谁,就把这差事给谁做。中世纪的教会便是如此,它饱受白蚁侵蚀,惨遭地方权力掮客和欧洲君主的剥削,力量始终积弱难振。

把皇帝直接赶出教会

起而力抗所有这些看似温馨的安排,好让罗马教廷手中的威权恢复稳固的,是 1073 年当上教皇的格列高利七世(Gregory Ⅶ)。他公开宣布,尔后主教由他亲自指派。亨利四世的回应是:将来这个职位继续由"朕"安排。皇帝态度强硬,教皇于是开除了他的教籍——换句话说,皇帝被赶出教会的门墙,再也不能参与弥撒,也不能得到教会提供的任何服务。

这向来是教皇手中的强大法宝,因为开除皇帝教籍犹如昭告全国人民,他们不必再对皇帝听命服从。那些贵族和王侯们老早就想脱离皇帝掌控,如今发现他被逐出教会门墙,从此可以置之不理,莫不心头大乐。

亨利四世于是顶着严冬天气跨越阿尔卑斯山脉,来到意大利北方卡诺莎(Canossa)的城堡求见教皇。他在城堡外的风雪中等了两三天,只求教皇见他一面。他将身上所有的王权标志脱卸殆尽,只着一身平民装扮,教皇终于心软,这位皇帝在他面前跪下,请求原谅,于是教皇解除了"绝罚"(即逐出教会),那帮王公贵族自然气得吹胡瞪眼。当然,对亨利四世来说,这样做确实屈辱,但也是聪明之举,因为要信奉基督的教皇拒绝宽恕人是很难的。当然,这位皇帝并没有完全放弃自己的立场。这场争执继续僵持多年,最后终于取得折中:皇帝可以就主教人选施展若干影响力,但实际赐予主教权杖并为他们圣袍加身的,必须是教皇本人。

皇帝和教皇之争持续了很长一段时间,他们甚至是真正的兵刃相见、战场交锋。你或许会问,教皇要怎么打仗呢？由于他本身也是一国之尊，他有自己的属地可以征税，他就拿这笔税收来征雇士兵。他四处寻找盟友，有时候会跟一些不想屈从于皇帝之下的王侯合作，打个比方，就像打开皇帝他家的后门来捣乱。中世纪时期，北意大利的市镇成为欧洲最富庶的地区，而皇帝的江山已经向南远届这里。这些城镇不喜受皇帝掣肘，有时也会主动和教皇结盟，联手去打皇帝。他们时常扮演墙头草，哪边对他们有利就归顺哪方。

教皇也会打仗、杀人？

对于这位俨如战士一般的教皇，文艺复兴时期艺术家切利尼（Cellini）于自传中有段精彩的描述。同文艺复兴时期的许多人物一样，切利尼也是多才多艺，他不但是个手艺高超的金匠，也精通武器制作。有一回敌军攻打罗马，他站在教皇这边，就如何开炮射击下达指令。教皇的敌人之一是某个曾替教皇打仗，但现在投效敌营的昔日西班牙官员，这人站得老远，完全没想到自己会身在射程之内，他一派轻松,佩剑还挂在胸前。当切利尼下令发射,炮弹立刻击中这个武官的剑,剑反插到武官身上,将他切成两半。切利尼非常沮丧,他杀了一个完全没有为死亡做好准备的人。他跪在教皇面前,请求赦免,教皇却大悦地说:"噢,我原谅你,我原谅你所有因为服务教会而犯下的杀人罪过。"

这是圣彼得的雕像(见下图),世上公认的第一位教皇,身着中古时代的教袍,华丽的披风和硕大的教冠,他从未忘记自己打渔的贫寒出身,他一只脚是

图6-2　罗马圣彼得大教堂,头戴冠冕的圣彼得。中世纪青铜雕像。

赤足的。中世纪时期,大部分的人对于这样的奢华不会觉得刺眼,教皇是个重要的君侯,他本该拥有皇室的一切行头,因为他是教会元首,而且要以平起平坐之姿会见其他君主。

教皇和皇帝的互斗始终是僵持的局面,从来没有一方得到过完全的胜利。他们就像老板和伙计之间的斗争;有人罢工有人以开除要挟,有时局面火爆而惨烈,不过你知道最后总会解决,而且世界上永远都会有老板和员工。教皇和皇帝之争要说有什么意义,那就是教皇从没说过自己是皇帝,皇帝也从不以教皇自居。双方都承认对方的存在有其必要,争的只是彼此的相对权力。这是西罗马帝国一个非常重要的特色,也是它和东罗马帝国分野所在。

在东边,依照君士坦丁堡的规矩,皇帝不但是整个帝国世俗事务的统御者,也是教会的统治者。他们也有个最高主教,但这位最高主教由皇帝指派,也归皇帝管辖。在西边,教会和国家则是分开的两个权力单位,各有各的权威。这对国王来说是个不曾或断的障碍,让他无法号称普天下都是他一个人的。

长年争斗的结果,是教皇和皇帝的力量双双被

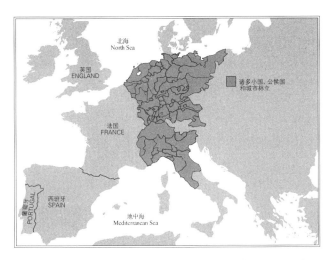

图6-3 公元1648年的西欧和中欧。

削弱(如图6-3)。举北起德意志南至意大利的中欧为例,地图上即可看出其长期的恶果;这个地区犹如一个由诸多小国、公国和城市拼凑出来的拼布图。在西边,英国、法国和西班牙已经以统一国家之姿崛起,地方的公爵、伯爵已被降服,国王在国界内令出必行。英国之所以有这个局面,威廉公爵(Duke William)居功厥伟,他于1066年以武力平定了国境内大小区域,建立了一个比欧洲大陆更强大的君主国家。

反观中欧,教皇和皇帝一直硝烟不断,两大权力

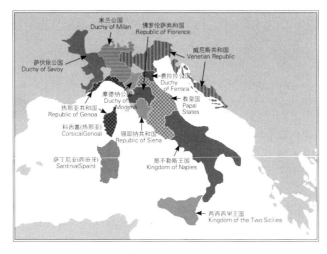

图6-4　文艺复兴时期的意大利诸邦(约1494年)。

中心为了互斗,宁可把自己在国内的权威当成交易拱手让人,结果,地方权力不减反增,小虾米变成了自治体,根本不把他们的君王放在眼里。近代(公元1400年以降)欧洲两大脱胎换骨的运动,文艺复兴和宗教改革,都发生在这里。这两大运动何以发生很难说得清,何以在此处发生则比较容易回答。

　　意大利北方诸城,文艺复兴的发源地,颇类似于古希腊时代的小城邦。这些意大利城镇在军事上和文化上是敌对的,它们彼此征伐也互相竞技,在艺术上互比光辉灿烂。它们既是城市又是邦国,能将许多才智之士荟萃于一地;它们的贵族也不同于欧洲其他国家,他们住在城市里,并不把自己的领地当作天经地义的居家所在。城市生活的多元与活力,是这整个社会的特色,在这样的地方,孕育并实践一个重建古代世界的计划因此成为可能。

而马丁·路德的宗教改革之所以在这里扎根并开枝散叶,是因为世俗权力的分散。镇压马丁·路德的异端邪说是皇帝的责任,可是他迟迟没有这样做,他下令让马丁·路德从安全通道进来见他,而这条通道上即使连贵族王侯也要遭到搜查。

但马丁·路德不肯收回他说过或写过的话,皇帝就宣布他是异端,不准任何人声援他,同时下达拘捕令。但皇帝的命令当即踢到铁板;萨克森选帝侯腓特烈(Frederick I, Elector of Saxony)带走了马丁·路德,把他藏匿起来。马丁·路德就是躲藏在其城堡期间,开始将《圣经》译成德文。腓特烈和其他王侯支持马丁·路德是以私利为着眼:希望自己能掌管教会及其土地,他们为扩张一己势力牺牲了教皇和皇帝,路德教派就此诞生。

在 19 世纪下半叶之前,德意志和意大利一直是处于分裂局面,这两个国家一直到很晚才统一,而且比那些较早统一的国家,更倾向于浪漫主义时期所萌生的强烈民族主义。这两国于 20 世纪采行了最具侵略性也最排他的民族主义,世称"法西斯主义"。

拿破仑崛起

虽然神圣罗马帝国皇帝的位子本身并无多大实权,但这个帝国还是存活了下来。打从中世纪后期开始,有个家族一直在制造登基成为神圣罗马帝国皇帝的人选。这个家族是哈布斯堡家族(Hapsburgs),欧洲史上最显赫、统治疆域最广阔的王室之一。哈布斯堡家族的成员当过西班牙、奥地利、若干意大利地区及低地国家(荷兰、比利时、卢森堡)的国王。对他们来说,皇帝头衔不过是锦上添花;他们的权力来自自己的王国。伏尔泰(Voltaire)这位启蒙时期的大师就嘲笑神圣罗马帝国,说它既不神圣也不罗马亦非帝国,此话诚然不假,可是它顶着一个名字和一个非常奇怪的体制却能存活,看来总是带着点奇迹。直到一个新帝国的元首出现，这个奇特而苟延残喘的旧帝国才告终结。这人名叫拿破仑（Napoleon Bonaparte），于1799年，法国大革命的十年后成为法国的执政者。

法国大革命从自由、平等、博爱的口号中出发，接下来的四年，统治权落在用断头台治国的雅各宾独裁者手里；战争的危机已经过去，眼看罗伯斯庇尔还要这样执政下去，但他终于被推翻，也被送上了断头台。走中庸路线的共和国信徒试着让革命局面稳定下来，也试着驱除平民势力和君王复辟的支持者——这些人不在少数甚至与日俱增。为了对抗这两股反抗力量以延续共和生命，政府不得不动用武力，结果威信尽失。这给了拿破仑崛起的机会。先前他已因多次领导法国的革命战役，抵抗欧洲其他见不得法国共和的君权国家入侵而声名大噪。

拿破仑是启蒙运动之子，深信革命所揭橥的诸多原则，却不相信人民有权统治自己。自1789年之后，法国在这个志业上可说是节节落败，拿破仑的政见因此非常吸引人。他是独裁者中最有魅力的一个，他不准任何团体享有特权，所有国民一律得到平等对待，国家提供所有孩童受教育的机会，所有职务都要公开

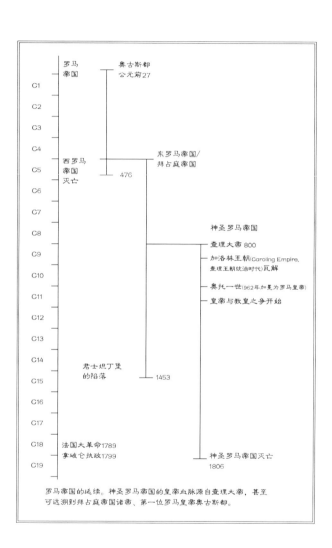

罗马帝国的延续。神圣罗马帝国的皇帝血脉源自查理大帝，甚至可远溯到拜占庭帝国诸帝、第一位罗马皇帝奥古斯都。

选才。他延揽各方人才进入政府,无论是保王派还是共和派,雅各宾恐怖政权的支持者还是反对者,完全不计较他们过去在革命中扮演的角色。他只交给他们一个使命:创立一个有理性、有秩序的政府体制。

我对法国君王的"专政"并没有太多着墨的原因有几个。其一是他们虽然建立起自己的势力,但所统治的依然是块拼布图而非统一的国家。法律制度和行政系统有如多头马车,而君主为了稳固新的法国地盘,培养对自己效忠的新臣民,释出的妥协、特权、豁免也多如牛毛。革命党把这些全都扫到一旁,他们念兹在兹,期期要建立一个统一国家。然而,在你争我夺的混乱中,新政权的建立并无多大进展。拿破仑把这个任务交给自己和他的专家群。《拿破仑法典》的制订是他们最伟大的成就,这部法典以查士丁尼大帝任内编成的法典为范本,是一套能让所有事务都有所遵循的法规。

终止仇恨,自戴皇冠

罗马是拿破仑一个重要的榜样。他一开始自称执政官,接着又称皇帝,不过他跟奥古斯都一样,并没有借这个头衔弭除法国共和体制的意图。他跟罗马人一样,打算建立一个庞大帝国,让法兰西共和国的建国原则成为一个公平正义、条理井然的社会的基础。虽是早期革命分子挑起了战端,但他还是继续跟欧洲强权国家打仗,多次获得辉煌的胜利。他扩张了法国疆界,也重新分配法国境外的侯国封邑,安排他的兄弟出任管辖。

他为欧洲大陆拔除了中世纪的旧势力、特权与诸

图6-5 罗马君士坦丁凯旋门:为纪念君士坦丁一世于公元312年大胜敌国皇帝而建。

图6-6　巴黎凯旋门：1806年拿破仑鼎盛时期下令建造。

多病态现象，建立起新的理性秩序。欧洲几个强权国家经过长久的休养生息，终于联手打败了拿破仑，但他的功绩已是无法抹杀。他后来被放逐到南大西洋的圣赫勒拿岛（Saint Helena），当他回顾一生，最感欣慰的是《拿破仑法典》得以存续，通行于整个欧洲——直到今日犹存。而神圣罗马帝国没能存活下来。1806年，拿破仑废掉了这个帝国，重新构组为莱茵邦联（Confederation of the Rhine）。

　　拿破仑不是信徒，换句话说，他不相信上帝。他笃信机会和命运。但他明了人民和信仰的深固关联，深知宗教对于维系士气和秩序有多重要。早期的革命分子是启蒙运动培养出来的小孩,对管理宗教缺乏这样的尊重。要说造成法国社会分裂,让人民对革命越来越敬而远之的主因,什么也比不上攻击天主教会。革命党人霸占教会土地,设立了一个教皇拒绝承认的、敌对教派的国家教会,拿破仑决定要终止此举所导致的仇恨与分裂。

他跟教皇达成协定(教廷和政府间的协定有个特殊名称,叫作 Concordat),承认天主教是法国多数人民但并非"所有"人民的宗教;教皇要求撤销宗教自由,拿破仑也不同意,指新教徒和其他宗教的信徒有权奉行自己的信仰而不受干扰。至于主教的任命,这份协定让它回复旧规:主教由国家提名,但由教皇为他们披上圣袍。

在教皇的出席下,拿破仑于巴黎圣母院加冕为皇帝。教皇任命拿破仑与约瑟芬为皇帝和皇后,并赐福于象征王权的标志物:宝珠、权杖、宝剑、正义之手。然而,是拿破仑为自己戴上了冠冕,那是一项复制品,仿照教皇曾为查理大帝戴上的王冠而做,它中空而轻巧,状似罗马人为胜利者戴上的桂冠。

第七章
语言:从两种变几十种

罗马帝国境内有两种通用语言:西边是拉丁语,东边为希腊语。直到今天,希腊本土、地中海以东的希腊聚落,以及散居于各地的希腊社群依然在说希腊语,虽然它的形态略有改变。然而,全球已经没有任何地区以拉丁语作为通用语言了。拉丁语常被人描述为一种死的语言,如果真是这样,它可说是一具非比寻常的活尸。

一开始,只有罗马人和罗马城周遭一小方围的乡村说拉丁语;随着罗马扩疆展域,数百年后它已成为整个西罗马帝国通行的口头语言。西边的拉丁语和东边的希腊语是以当今的塞尔维亚为界,因此,拉丁语虽是整个意大利、法国、西班牙以及大半个巴尔干半岛的通用语,但未及于大不列颠。虽然罗马人也曾登堂入室侵入不列颠,但不列颠的凯尔特语存活了下来;至于西边其他地区的本地方言,在大家都开始说拉丁语后全都慢慢消失了。

罗马本身并没有一套明确的语言政策——语言政策是最容易自取其败的公共政策。在某个地区压制本土语言以另一套取而代之简直难如登天,在古代,从来没人想过要这样做。罗马是个包容性强的帝国,它不但容许被征服社会的领袖继续担任该区的领袖,而且让他们跻身罗马精英阶级,升任将军甚至登基称王。如此这般,时至公元212年,帝国境内所有民族都已归化为国民,受到它的法令保护。三四百年之后,各种地方语言一概消失,这对罗马帝国不啻是一种礼赞。拉丁语最后打了一场无声的胜仗,就此成为罗马行政、法律、军事、商业的唯一语言。

学者、律师、政治人物以及你在中学、大学里学的是标准拉丁语,而罗马帝国偏远疆域所说的并不是这样的拉丁语。这种拉丁口语通用于士兵、地方行政官员和商家之间，即使在罗马帝国分裂之前，便已因地而异，随区域而有多种变化。在意大利说的拉丁口语跟在法兰西说的可能就不一样。罗马帝国分裂后，拉丁语衍变成多种不同语言，通称为罗曼语系（Romance Languages，又称罗马语系、拉丁语系），意指沿自罗马人的语言，就像罗马式建筑乃承袭自罗马的建筑形式一样。

拉丁语：多变不敌简便

罗曼语系最主要的语言是法文、意大利文和西班牙文。举"马"这个单词为例，法文是"cheval"，西班牙文是"caballo"，意大利文是"cavallo"，完全看不到拉丁文的影子——拉丁文的马是"equus"。英文的马"horse"是从日耳曼语演变而来，但英文里也有个"equestrian"，意思是骑马的人或与马相关之事，这个单词的词源即是"equus"。英文中的拉丁词汇通常是比较标准的拉丁文。从"horse"又衍生出"horsy"这个单词；说一个人爱马或热爱与马相关的事物可以用"horsy"，但用"equestrian"更礼貌。拉丁文中有个俚词"caballus"，有点像英文说的马儿（gee-gee，nag），而罗曼语系的马——"cheval"（法文）、"caballo"（西班牙文）、"cavallo"（意大利文），即是由此词演变而来。就这个单词而言，西班牙文和意大利文远比法文更贴近源头。

法国人对自己的语言是很讲究的。法兰西学院对于允许纳入法文的英文可是精挑慎选：t-shirt（T恤）和 bulldozer（推土机）可以接受吗？还有，t-shirt该是阴性或阳性——是 la t-shirt 还是 le t-shirt 呢？（是阳性，英文就不必伤这个脑筋。）要是你对一个法国人明说，他们小心翼翼保护的语言其实是源自拉丁文，那你就太不聪明了。

拉丁文是词尾变化丰富的语言，换句话说，一个单词在一句话里的意思要看这个单词的词尾变化而定。举例来说，拉丁文的"年"是 annus（英文的 annually 即从该词变来，比 yearly 稍微正式一些），"主人"或"上帝"是 dominus。如果我们用拉丁文说"上帝的年度"，这两个词的词尾都要变化，成为 anno domini。anno 意为年度中，domini 意为上帝。今天我们的历法以 AD 计算年份，就是这两词的缩写，意思是从耶稣基督诞生那年算起。

拉丁文本身就饶富词尾变化,无须借助 in 或 of 这类的介词。英文的"公元"由六个单词组成:in the year of the lord;拉丁文只需两个单词:anno domini,这就是拉丁文适合当座右铭的原因之一——如此言简意赅。你不会在关键词之间发现拉拉杂杂的赘词。拉丁文里也不需要定冠词 the 或不定冠词 a, an。annus 既是指特定的一年(the year),也可指任何一年(a year)。

在拉丁文中,词的排列顺序无关紧要;domini anno 的意思依旧是上帝的年度。如果是英文,把顺序调换不是意思改变(如:in the lord of the year)就是根本毫无意义了(如:of the lord in the year)。

不过,拉丁文还是有些类似英文 in, at, of 的单词,你可以用它们来强调语气。由于说拉丁语的人对这些规则并不是很清楚,反而越来越常用 in, at, of 这些词,不再去管词尾如何变化,久而久之,拉丁文就从一种词尾变化多端的语言,演变成一种频繁使用介词(in, at, of)而关键词的词形维持不变的语言。这就是罗曼语系的名词词尾没有变化,而词的排列顺序攸关紧要的原因。

拉丁文当中没有定冠词 the，但如果你要强调某样东西，你可以说"我要'那个'苹果"或"把'那个'桃子给我"。"那个"的拉丁文是 ille 或 illa，视它修饰的名词是阴性或阳性而定。后来拉丁文说得不道地的人越来越常用 ille 或 illa 而不管词尾变化，于是在法文中就缩短成 le 和 la，意大利文是 il 和 la，西班牙文是 el 和 la，冠在所有名词的前面。那些在罗曼语系中加入定冠词的拉丁语半吊子，想来可是真够得意的。

5 世纪，日耳曼蛮族入侵当今的法国、西班牙、意大利，然而日耳曼语系没跟着入侵，这些人说的语言却是从拉丁语演变而来。怎么会这样呢？来看看欧洲的语言图谱。

我们当今说的语言大多隶属于某个庞大语系，可能是罗曼语系、日耳曼语系，也可能是斯拉夫语系。但有少数几个国家是独行客，跟其他所有语言都无甚关联，例如希腊语、阿尔巴尼亚语、匈牙利语和芬兰语。

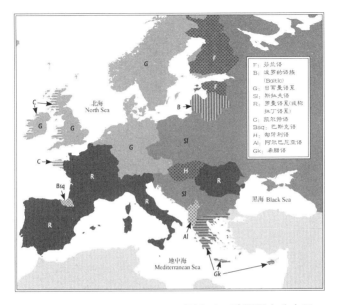

图7-1 欧洲语言分布图。

哪种语系的地盘大?

在西欧,日耳曼语系通行于北方,罗曼语系通行于南方。有两个国家则兼容并蓄:比利时北部说日耳曼语系,南部说罗曼语系;瑞士北部说日耳曼语系,南部两隅说罗曼语系。除了这些居于少数的罗曼语系语言,我们还得把沿着三大国(法国、西班牙、意大利)边缘说的葡萄牙语也加进去,令人意外的是,东欧的罗马尼亚语也是。罗马尼亚坐落于多瑙河之北,是往昔罗马帝国惯常的边界。曾有百年之久,罗马帝国的统治触角大大延伸至多瑙河之北,但这段时间似乎还不够长,并不足以让拉丁语在当地潜移默化,变成罗马尼亚语的基石。有人因此暗示(罗马尼亚人很不喜欢这个暗示),指罗马尼亚人原本是住在该河以南,对于拉丁文曾有长久的浸淫,北移是后来的事。

中欧和东欧大部分地区,包括波兰、斯洛伐克、捷克、保加利亚和过去的南斯拉夫,说的是斯拉夫语系。这得提到斯拉夫人,这个民族比日耳曼蛮族住得更远,6世纪到7世纪入侵东罗马帝国后就定居在巴尔干半岛。有些斯拉夫人依然住在从来不曾被归入该帝国疆域的地区,如波兰、斯洛伐克和捷克。斯拉夫人在欧洲落地生根后,纷纷皈依为基督徒;波兰人靠近西方,因此信奉罗马天主教;巴尔干半岛上的住民泰半来自君士坦丁堡,因此信奉希腊正教。

拉丁语(以及罗曼语系的徒子徒孙)、希腊语、斯拉夫语和日耳曼语系全都承袭自同一根源,一种称为印欧语系的语言。语言学家追溯它所繁衍出来的诸多语言,试图从这些语言的共通点建构出它的一些基本元素。他们对于印欧民族的起源地意见不一——总之是东方某处。他们的语言里有"雪"这个单词,他们的海似乎意指内陆的海。之所以称为"印"欧语系,是因为印度的梵文和伊朗语也是从它衍生而来。

欧洲语言的祖先:印欧语系

这个发现,或者说这个语言的建构工作,迟至18世纪才得以实现。在此之前,欧洲的语言研究一直以为这些语言一概脉承自希伯来语,因为这是耶稣说的语言,也被《圣经》暗示是最早的两个人亚当和夏娃说的语言。希伯来语和所有的欧洲语言截然不同,它不是源自印欧语系,因此,将希伯来语言追溯为源头彻底走入了死胡同。

直到18世纪,拜启蒙运动之赐,学者抛去了《圣经》框架的束缚,发展出新的理论。威廉·琼斯

（William Jones），住在印度的一个英籍法官，做出了这个突破。他注意到，梵文的基本词汇，像是数字、身体部位、家庭成员，和欧洲多种语言颇为类似。举"兄弟"这个单词为例：

> Brother（英文）
>
> Bhratar（梵文）
>
> Broeder（荷兰文）
>
> Bruder（德文）
>
> Phrater（希腊文）
>
> Brat（俄文）
>
> Brathair（爱尔兰文）

琼斯认为这些类同点绝非巧合，推断它们有个共同的祖先，只是如今已不复存在。印欧语系的重建工作于焉发端。

有两个欧洲国家的语言，匈牙利和芬兰，并不是源自印欧语系，这两国的语言是有关联的。说这些语言的人分别于两个不同的时期从亚洲迁徙至欧洲；芬兰人是史前时代来到此间；匈牙利人来得较晚——在9世纪和10世纪维京人从海路登陆欧洲进行掠夺的同时，他们也骑着马来此打家劫舍。他们后来被劝服，不但在多瑙河谷安顿下来，且皈依为基督徒。

图7-1呈现出欧洲目前的语言分布。如果跟斯拉夫人和日耳曼人几次侵略之后的情形比较，并没有太大不同；日耳曼蛮族入侵罗马帝国确实使得语言分布产生若干变化，但一如我们前面所了解，拉丁语借着罗曼语系的形式，在法国、西班牙、意大利存活了下来。图7-2对当前日耳曼语系和罗曼语系的分界有更详细的描绘，可以看出改变的幅度。当年的罗马帝国是以莱茵河为界，图7-2显示日耳曼语系延伸之广，已经超越了莱茵河。不过，看得出来，并没有超越太远。

新的语言分界何以是今天这等模样，犹是一团迷雾。在比利时，不同语言的分界线是划在开放空旷的乡村地带，全无河流或山脉等天然屏障。你开车沿着一条路直走，就此楚河汉界：右边的村庄说罗曼语系（瓦隆语，Walloon），左边说日耳曼语系（弗拉芒语，Flemish）。一千五百年来，这条语言的分界不曾改变。

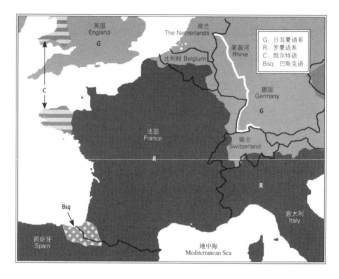

图 7-2　日耳曼语系和罗曼语系的分界。

　　有人因此推论,罗马或许设有一条由西到东的国防线
作为屏障,以阻遏已穿越莱茵河的日耳曼蛮族更越雷
池一步。日耳曼蛮族或许在这里遭到阻断,但他们显
然绕道而行,更进一步地深入了东边。

　　你可以看到,大体而言,莱茵河与这条语言分界之
间的宽度约莫一百到一百五十公里,直到南部山区才
变得短窄。在这个区块里,日耳曼聚落稠密,日耳曼
语言因此取代了拉丁或是才萌芽的罗曼语言。日耳曼

蛮族曾经穿越整个西欧,长驱直入西班牙,渡海进入北非,可是这些地方说的依然是拉丁或罗曼语系,表示此区的日耳曼聚落要比罗马边界地区稀散许多。

17 和 18 世纪,法国以强国之姿辟疆展域,东边和北边的疆土虽然大为推进,但语言图谱并无改变。住在法国东部边境的人依然说日耳曼语,北边接近大西洋沿岸也还是说属于日耳曼语系的弗拉芒语。地图显示,法国还有其他一些地区也不说法语;靠近西班牙边境的西南地带,这里的居民要求从法国和西班牙独立出来,他们说的是巴斯克语(Basque)。巴斯克语不属于印欧语系,它源自何处不得而知。(见图7-2)

在布列塔尼半岛(peninsula of Britanny)西边,居民说的布列塔尼语(Breton)是幸存下来的一种凯尔特语。当初盎格鲁、萨克森和朱特族侵略不列颠,一些英国人渡过海峡来到布列塔尼,直到今天此地住民说的还是布列塔尼语,虽然说这种语言的地区已越缩越小。

登堂入室进入法兰西后,日耳曼蛮族并没有将当地的拉丁或罗曼语系语言根除殆尽,但当地语言一直在演化,而他们也贡献了一些日耳曼语词汇进去,尤其是关于国王、政府、封建制度的语汇,也就是新的统治阶级常用的专有名词。

在英格兰,日耳曼语系则是获得全面的胜利,从本地英国人饱受盎格鲁、萨克森和朱特族这些侵略民族倾轧来看,这应是意料中事。9世纪到10世纪,英格兰二度遭到外族侵略,这次是维京人来犯,说的也是一种日耳曼语。随着这些日耳曼方言的交融,英文的基本词汇和语法于焉而生,而在演变过程中,英文失去了它日耳曼语源的词尾变化。

	西　欧	英格兰
C5:日耳曼人入侵	● 日耳曼语系跨越莱茵河一百五十公里 ● 拉丁语变成罗曼语系	● 日耳曼语系完全取代凯尔特语
C9:维京人入侵	● 定居于法国北部的聚落 ● 维京人的日耳曼语加入罗曼语系,演变成诺曼法语	● 定居于英格兰东部的群落 ● 维京人的日耳曼语加上日耳曼语系的盎格鲁-萨克森语,演变成英语
1066:诺曼征服英格兰	● 统治者说诺曼法语	● 法语(和拉丁语)被添加到英语中

1066 年,英格兰三度被侵,这回领军来袭的是法国诺曼底的威廉公爵。诺曼人的祖先是斯堪的纳维亚的北欧人,当初受国王感召定居于法兰西,金盆洗手不再烧杀掳掠。他们说的是自己一套独特的法语,属于罗曼语系,但夹杂许多拉丁文。此后数百年间,英格兰这个新的统治阶级继续说诺曼法语,但最后也和英语熔于一炉,导致英文语汇大量增加。如今的英文,几乎所有东西都有两个以上的词汇,举"国王"和"国王的"为例,英文本是 king、kingly,后来加入了 royal、regal、sovereign。数量上,英文词汇要比德文和法文多出数倍——它毕竟是德文和法文的混合加总。

　　西欧和英格兰在罗马帝国灭亡后的语言演变,归纳于上页。

拉丁文不敌罗曼司

　　拉丁口语已在平民间消失,不再是他们的通用语言,但它依然作为学术、文学、教会的专用语言流传下来,使众多的拉丁词汇能开枝散叶,流传到所有的欧洲语言里。当时的教会和学术人士依然说写拉丁文,它因此是种活的语言,也因此会有变异——依照纯粹主义者的标准,不啻就是品质降格。而即使在这些领域,拉丁文也有可能步罗曼语系的后尘。拉丁文的第一次重建工作,是奉查理大帝的谕令,他指示学者抄写古拉丁文手稿,努力让当时使用的拉丁语文与古典原文的意涵相符。

由于拉丁文是学术和文学的专用语言,学术和文学变得遥不可及。你若要接受教育,得先学会仿若外国语的拉丁文。中世纪时期,绝大多数的人是文盲,不识字者比比皆是,但最不寻常的是,即使那些有钱有势的人也是文盲,因为他们不懂拉丁文。因此,贯穿于整个社会的是以歌谣和故事传世的口述文化。贵族领主在城堡里养弄臣或艺人来娱乐自己,要这些领主拿本书静静细读,门儿都没有。传统和习俗的角色无比吃重,因为要靠文字记载来了解世事、学习待人接物有如痴人说梦。十字军东征时期,当欧洲的贵族和骑士来到圣地,穆斯林的士绅阶级莫不目瞪口呆,因为这些人是如此的粗野不文。

慢慢地,一种以地方语言创作的文学,也就是以全民母语而非拉丁文书写的文学日渐勃兴。法国最早的传奇故事称为 romans，即是以这些故事所用的语言为名。这其实是种贬抑——如果你说这是一本 roman，意谓它是一本不入流的本土作品。roman 这个词后来演变成法文中的"故事"。由于内容总不外乎骑士、英雄事迹和俊男美女的爱情，这样的故事就被定位为浪漫小说（romance）。这就解释了 romance（罗曼司）这个词的双重意涵：既是一种从拉丁文演变而来的语言，也是一种毫无深度可言的小说主题。

拉丁文第二度的大规模重建，发生在文艺复兴时期。学者专家瞧不起中世纪，别的不说，拉丁文被掺入许多杂质、水准低落得可以即是原因之一。这些学者以能书写古典时代文豪的拉丁文为职志。文艺复兴时期第一个发出复兴古典文化号召的学者彼特拉克（Francesco Petrarca），为了找寻古罗马文学家、雄辩家西塞罗（Cicero）的一份信札手稿，走遍整个欧洲。寻获这些信后，他以无懈可击的拉丁文，模仿西塞罗风格，亲自写了一封信给西塞罗，表示致敬。

当时的名门贵族、士绅阶级已普遍接受教育，他们用拉丁文学习,不是因为它是教会专用、涉及神学争议的语言,而是为了能够阅读经典,用古典时代的拉丁文写作。在 20 世纪之前,拉丁文一直是中等及高等教育的重心。我自己就是这样,必须通过拉丁文考试才获准进入大学。大学毕业典礼以拉丁文进行,当今学位的专有名词也常是拉丁文:ad eundem gradum 意为"以同等学力",cum laude"以优异成绩"(赞辞),summa cum laude"最优等",honoris causa"颁予荣誉"(指荣誉学位)。

拉丁文是整个欧洲饱学男士(女性不读拉丁文)之间的强韧系带。它是他们共同的第二语言,既是一种社会连结,也算是一种通关密码。在英国的下议院,发言者每每出口成章,以拉丁文引用一段经典名言而不翻译。如果你听不懂,那代表你不该出现在那里。关于"性"的字眼不宜印成白纸黑字,但用拉丁文印出来就可以,这样平民百姓就看不懂,也就不会被带坏。如此这般,你看一本书正看得津津有味,突然就出现了外星文。

如今的英文还是带有这样的斧凿痕迹:"性器官"用拉丁文 genitalia(生殖器)代替;还有 pudenda,要凸显拉丁文的简要精练以及对"性"的严峻心态,这个词是佳例;这个词也是指"性器官",尤其是女性的性器(女阴),以词面翻译,意思是"令人羞愧的事物"。

莎士比亚不懂拉丁文

文艺复兴运动试图恢复拉丁文的荣光,但地方语言在同一时期也获得了崭新的地位和尊重。首要原因,是拜 1450 年代的近代印刷术发明之赐。第一批被印成白纸黑字问世的书,是古典作家所著的经典古籍,可惜乏人问津。后来印刷商用当地语言发行书籍或将经典翻译出来,读者市场因此扩大。大家都说莎士比亚不谙拉丁文更不识希腊文,他之所以熟知古典历史,是因为读过普鲁塔克(Plutarch)的《希腊罗马名人传》(*Lives of the Noble Grecians and Romans*),而莎士比亚读的是诺斯(Thomas North)1579 年的英译本,当时莎翁年仅十五岁。莎剧《恺撒大帝》(*Julius Caesar*)和《安东尼与克莉奥佩特拉》(*Antony and Cleopatra*)便是取材自它。

第二个原因,16 世纪的宗教改革人士希望民众自己能读《圣经》,因此将它翻译成当地语言。马丁·路德被赋予的第一个任务便是将《圣经》译成德文。对新教徒而言,拉丁文已不再是神圣事务的代表语言了。

拉丁语系还有一朵开得很晚但迄今犹存的花,那就是18世纪瑞典植物学家林奈(Carolus Linnaeus)所创,以拉丁文命名植物的系统。林奈于在学期间学会了拉丁文,也读过亚里士多德以拉丁文分类自然生物的著作。这套系统给予植物两个拉丁学名,一是属名,一是种名。植物的发现者之名必须被翻译成拉丁文,才能成为该植物名称的一部分。当年随着航海家库克船长出航大探险的英国植物学家约瑟夫·班克斯(Joseph Banks),即是以 Banksia(山龙眼)这种开着瓶刷子花的常绿性灌木之名永垂不朽。

耶稣不说拉丁文,但……

基督教发轫之后,拉丁文是西方通用的语言。这种语言变得唯我独尊,是为了教会治理方便,为了超越教义争议、传扬信仰,也为了教堂仪典的进行。它和阿拉伯文不同,阿拉伯文是先知穆罕默德说的话,是一种神的语言。耶稣说的是阿拉姆语(Aramaic),他的教诲被人以通行于东地中海地区的普通希腊文记录下来。《旧约》用的语言是希伯来文。但拉丁文凝聚了所有的信徒,在梵蒂冈第二届大公会议(1962—1965)宣布可用本地语言进行礼仪之前,它一直是天主教弥撒的专用语言。教皇通谕一直是以拉丁文发表。1968年,教皇保罗六世便是以《人类生命通谕》(Humanae vitae)发布教廷对节育和堕胎的训示。有些虔诚教徒继续以拉丁文进行教堂礼仪,恍如地下社团仪式一般。2005年就任的教皇本笃十六世也比较偏爱用拉丁文做弥撒。

拉丁语,跟罗马帝国的概念一样,已经气若游丝很久了。

第八章

平民百姓的生活面貌

你一定会喜欢这些平民百姓。

他们很脏很臭,看来很不讨喜,因为他们一年到头不分寒暑地日夜操劳,形容憔悴、伤痕累累、营养不良、疾病缠身。那为什么你还会喜欢他们?因为他们的命运很容易追踪;百年复百年,他们做的都是同样的事,几乎所有的人都在耕种。

要讨论平民百姓,我们不必列时代年表;这里有张图,显示他们极少出现变化。下页的图显示的是耕种食物或与食物关系密切的人口比例,换句话说,只要是住在乡村或聚落、对农作生产有辅助功能的人,例如车轮修造匠、铁匠或劳力工,全都包括在内。

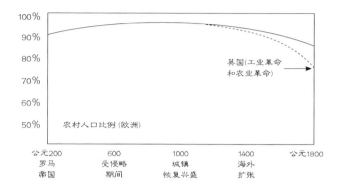

英国(工业革命
和农业革命)

农村人口比例 (欧洲)

公元200　　　600　　　1000　　　1400　　　公元1800
罗马　　　受侵略　　城镇　　　海外
帝国　　　期间　　恢复兴盛　　扩张

　　这些是非常概略的估计数字。罗马帝国境内,有将
近九成的人都住在乡间,这个帝国不乏大都富邑,俨
然罗马城的前身,但城市的人口仅占全民的一成。

　　大城市的食物本要靠乡村的谷物供应,可是谷
子很重,无法靠陆路用马车迢迢运来——因为它会
腐烂朽坏,价值尽失。罗马的谷物是从埃及漂洋过
海运来的,远比其他的运输方式便宜。罗马帝国后
期,政府为了讨好人民,还会对罗马的谷物配销提供
补贴;当年的罗马就像今天的第三世界城市,有如大
磁铁般吸引人口蜂拥而至,却无法供应这些人的生
活所需。当年的罗马不只提供免费面包,也会定期
在圆形竞技场举办大场面的娱乐节目。罗马讽刺诗

人尤维纳利斯（Juvenal）就形容，这个政府是靠着"面包和马戏表演"才得以苟延残喘。

九成五的人住在乡下

谷物贸易在当时可说是绝无仅有。帝国内大部分的商业买卖都是重量轻、价值高、禁得起长途跋涉的奢侈品。一如19世纪以前的欧洲，罗马帝国境内大部分的人都是就近取材，看附近种什么或制造什么，吃的、喝的、穿的、住的，一概是本地出产。欧洲村舍之所以拿茅草覆顶，不是因为它比石板屋顶更有诗画风情，而是因为茅草便宜，唾手可得，因此，经济发展并不是罗马人推动革新的重点，以一套法典及一种效率卓然的军事组织将整个帝国维系于不坠，才是他们的治国精神所在。直线相交的罗马道路，有一部分迄今犹存，即是出自当年军事工程师的设计，主要目的是让士兵从一处移动到另一处时行进迅速，因此是直线的；但如果是设计给一般马匹和马车使用，坡度会和缓得多。

在罗马帝国的最后两百年间，随着日耳曼蛮族入侵,城市人口流失,贸易严重萎缩,地区的自给自足更形必要。在帝国的极盛时期,城市是没有围墙的;罗马的敌人都被挡驾在边境之外。直到3世纪,城镇开始沿着外围筑起城墙,后来城墙涵盖的区域越来越小,更证明了城镇的萎缩。公元476年,整个罗马帝国消失于无形,此时乡村的人口比例已经升至了九成五。

这些人口就此留在乡间,一留就是数百年。日耳曼蛮族入侵之后,其他外族也接踵而至:7到8世纪是穆斯林,他们占领法国南部,攻进意大利;9到10世纪是维京人,到处烧杀掳掠,大肆破坏。11到12世纪,和平终于到来,贸易逐渐复苏,城市生活这才起死回生。5世纪之后,有些城镇几乎完全被夷为平地,其他也大为缩小。

土地劳动人口开始出现下降趋势,但极其缓慢。15世纪,欧洲开始向海外扩张,商业、金融业、航运业因此水涨船高,城市也欣欣向荣。1800年左右,西欧的乡间人口可能已降到八成五,稍低于罗马帝国当年。这么长的一段时间内,人口移动几乎无甚变化;唯一的例外是英国,1800年前后,它的乡间人口随着城市人口激增而开始锐减,到了 1850 年,英国人已有半数都居住在城市里。

谈天气,忧心命运

耕种食物的人也有等级之分。长久以来,无论什么时代,小地主、奴隶(或当过奴隶的自由民)、农奴(或当过农奴的自由民)、佃农(或缴纳部分收成的佃农)和劳力工都可能包括于耕种者之列。我们通称他们为农民。不过,无论身在何处、处于什么年代,这些人的工作方式都一模一样;在意大利、法国南部和西班牙,19 世纪的犁田方法和罗马时代殊无不同。他们用很原始的犁,你只要想象一根叉状的长木棍,底部有个切割用的刀片就是了。一头牛或马在前拉着犁,一人在后抓着犁头控制方向,而刀片很难深入土壤内层,只能浅浅刮过表面。犁田是以棋盘式进行,先沿着田地直行,再横着犁下去。

有轮的犁具是中世纪早期的伟大发明之一,发明者是何人已不可考。它对法国北部、德意志和英格兰的厚重土壤尤具效果。基本上,这种犁具颇类

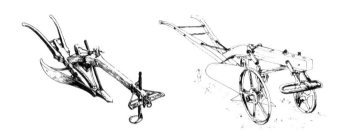

图8-1 早期的叉状犁具,重量相对为轻,只能在小块田地间浅掘土壤的表面(左)。有轮的犁具(右)则可深入北欧的深层土壤,犁出一条条长形的垄沟,称为"弗隆"(furlongs)(译注:furlongs,亦称浪,长度单位,相当于0.2公里)。

似于现代的耕土机,只是还是得由动物拉车并且由人控制。这种犁除了有个挖得进土壤的锐利刀片,还有一个模板可将挖松的土壤抬起翻转。这就产生了垄沟,不止是挖挖表面而已,而且垄沟都是同个方向、互相平行,不再是旧式犁法的平行相交。在重土壤上,灌溉的水可以沿着垄沟流下去。犁田是辛苦的工作,你不只是操控犁具的方向而已,如果你的肩膀和手臂不用力抓紧,不但挖不到土还会翻覆。犁完田后就是播种,这个差事比较轻松,你在田地一条条的刘沟里撒下种子,然后拿一根把子(harrow)——把具的一种——把种子盖起来。

犁田是男人的事。收割则是男女老幼都要参与,而且因为安全收割期很短,农民得从城镇招募临时工,就连本地的士兵都可能走出军营前来帮忙。收割的工具是镰刀,一种有柄的弯刀。考古学家曾在最古老的人类聚落里找到镰刀,而直到20世纪初叶,镰刀在欧洲依然是标准的收割工具。1917年,俄罗斯爆发社会主义革命,制作了新国旗向劳动阶级致敬,新旗上有锤子和镰刀的标志,锤子意指城市劳工,镰刀则代表乡村劳工。

想到耕种和收割,千万不要以为那是你今天看到的景象:农夫坐在装有冷气的拖拉机里,一路开过田地。年复一年,一英寸一英寸的田地都是农民埋头苦干、弯腰驼背、拖着脚步辛苦耕耘出来的。

把收割完的大麦或小麦茎秆集中在一起,接着还得将麦粒从麦穗上打下来。打谷用的工具叫作连枷,它有长长的柄和一个连着一根皮带的平板。在谷仓地上铺满麦穗,然后摇晃连枷的柄,木板就会往下移动,平平压在麦穗上。让谷仓的门保持开敞,如此,微风可把糠皮吹走,地上只留下完好的谷粒。

这些谷粒可以制成面粉,然后做成面包。面包

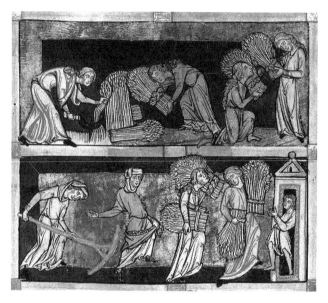

图 8-2 《贞女典范》(译注:*Speculum virginum*,1200 年
左右训练修女的标准规范),一部德文手稿中的收割场景。

是生命的支柱,你就这么大块大块地吃它,没什么别
的可选;肉不是平常就可以吃到,或许有点牛油或乳
酪可以配着面包吃。面包就是主食,不是放在旁边
小碟中的配角,也不是漂亮篮子里放个寥寥几片,而
是三或四大块那么多。如果你是有钱人,一天可以
吃个一公斤,也就是每天一大条。到处都在种麦子,

即使是不适合种麦的地区。由于运输极其困难，谷物必须生长在接近消费的地方，从别处运来的谷物是很贵的。谷物虽然可以靠海路运来，可是在内陆地区，不管距离远近，直到18世纪运河开凿之后，谷物的运输才成为可能。

所有的人都老是为收成担心害怕。谈天气不是为了没话找话说，而是一群人在忧心自己的命运。如果谷子不成熟或是在收割季节前被恶劣天候给毁了，整个社群都会遭殃；他们得从别处运来谷物，而这样做的成本非常之高。谷物歉收时期，面包价格会飙涨个两倍或三倍。这可不像现在超市里哪个东西贵了许多，你这段时间就暂且改吃其他东西这么简单；这意味着你的食物成本会增加两三倍之多，果真如此，你就只好挨饿，说不定还会饿死。

可是，食物是农民种出来的，价格上扬不是对他们有利吗？这只有对拥有大批食粮的人才是。如果你种的东西只够养家糊口，全没余粮可卖，歉收就表示你连自己肚子都填不饱，还得到外头去买。有些人的田地小，就算丰收也不够一家人吃，这些人就得帮大地主打零工，才能多买点食物。很多劳力工根

本没有自己的田地,他们如果跟着雇主一起住,雇主
管吃管住,那还不坏,但要是住在自己的茅草陋屋
里,就得常常去买面包。当然,住在城里的人,面包
永远都靠买的,因此,只要谷价上扬,许多人都将面
临水深火热。

抢粮、抢食、抢囤积

　　一旦谷物短缺,谷粮的拥有者——大批栽种并
且拿来交易的人——很可能会囤积起来等着价格继
续高涨,要不就运到其他价格涨得更凶的地方去卖,
如此一来,本地人就无粮可吃了。约莫 1400 年之
后,欧洲各国政府逐渐迈向强盛,曾经试图控制谷物
交易。它们明订法令禁止囤积,也不准商家将本地
已短缺的粮食运到外地,要是地方官不执行这些法
令,人民很可能就会自己来实行。他们四处搜寻囤
粮,逼迫大农拿出谷粮来卖,甚至袭击运送谷物到别
处去的马车或船只。因为有引发暴动、社会失序之
虞,政府插手介入也是不得已。
　　大部分的人大部分时间都活在对食物的不确定

感之中。能好好吃顿饭是一种奢侈；肥胖代表美；节庆假日是大快朵颐的日子。在现代社会，庆祝圣诞节的方式依旧是这种现象的可悲遗绪，换句话说，我们会期待用大吃大喝来纪念这一天，虽然我们平日已经吃得够好。我现在还试着保存一点这个节日的原味精神——其他日子决不吃火鸡。

是这些占了总人口百分之八十五到九十五的土地劳动者造就了文明。要是农民种植的食物只够喂饱自己，任何城市或领主、教士或国王甚或军队都不可能存在——这些人全得靠别人种东西给他们吃。不管农民愿不愿意，他们都必须供应他人粮食。这个现象在中世纪早期的农奴身上最为突显，他们必须把一部分的作物当作租金呈缴给领主，一些捐给教堂当作捐献，还得在领主的田地里无酬工作，好让领主自己也有收成。到后来，替领主工作的义务停止了，只要付钱给领主和神父就好。

税吏成了罪人的代名词

在中世纪早期，国家是不征税的；之前的罗马帝国以及之后的欧洲新兴国家,农民都得纳税。这里有个显示罗马帝国如何收税的浮雕作品,对于税吏和前来缴税的农民有所描绘。这些交易不是登录在纸上,而是记在上蜡的木板上,这是维系帝国运作最关键的交易:国王从农民那里拿钱,然后用这笔钱付薪水给军人。

从农民身上压榨金钱,是文明的基石。你可以看到,收税过程多么干净利落。你不必开支票或寄支票给税吏,他不会把你赚的钱减去一部分当作扣抵额,税吏是个活生生的人,到天涯海角也能把你找到;如果你拒绝缴税,他会带着武器回来逼你掏钱。缴税一事不是由官僚体系掌控,而是面对面的交锋。在罗马帝国,这些收税人叫作"publicani",也就是从民众身上收取税金的人。大家对他们深恶痛绝,是世上至恶之人,就连耶稣也对这个刻板印象的塑造有推助之功;他说,去爱那些爱你的人不是什么了不起的美德——即使税吏也会这样做。在钦定的《圣经》版本里,"publicani"被译为英文的"publicans"。有人批评耶稣,说他把"税吏和罪人"混为一谈,这对那些拥有证照的公职官吏很不公平。

图 8-3　罗马帝国时期,农民缴税给税吏一景(注意左方的账册)。这幅于莱茵河一带被发现的浮雕,创作年代在公元200 年前后。

　　当然,说农民受到压榨,这是非常情绪化的用语。说不定他们应该乐于缴税才对,或至少只是嘴上抱怨几句罢了;虽然没有人喜欢缴税,可是这对大家都有好处,可以得到政府提供的服务。问题是,当年的农民并没有得到任何服务。政府既不兴办学校,也没保健制度;大部分的政府连马路都不管——因为马路属于地方事务,除非具有军事重要性。罗马政府会照顾城市的公共卫生,提供用水和排水系统,对乡村却是不闻不问。政府的税收约莫有八到九成都是用在军武上。那么,将外侮阻挡在外,对农民总该有好处了吧?不见得。对农民来说,战争表示他的土地会烽火不断,而他的食物和动物都被拿去喂养两方的军队了。

除了受武力威胁,地位高于农民的人也硬说农民低人一等,只有服从听话的分,农民只好继续缴税,但时不时还是有抗议、暴动和反叛等情事发生。农民认为,如果国王、主教和地主全都抛下我们不管,我们也能活得很好。他们很容易有这样的想法,因为农民都是自己种作物、自己盖房子、自己酿酒、自己织布做衣服。

不少现代人也选择从汲汲营营的生活里退出。他们以为自己只需要一块土地,自己种东西吃就可以活下去。他们不用多久就会发现,买牛仔裤、买药、买酒和录影带样样都需要钱,油钱和电话账单也不能不付。不出多久,这些返璞归真的人开始兼差,慢慢荒废了自己的农作;再过不久,他们又回到职场朝九晚五去了。不过,对当时的农民来说,他们是真的自给自足。在他们看来,政府和教会纯然只是负担,伸手要钱就跟抢劫没有两样。

农民向领主宣战

　　农民多次起义总是被镇压下来——直到法国大革命的初年,法国农民和别处的农民并无不同,都是中世纪的农奴出身。中世纪末期,西欧的农奴制度画下了休止符,各国对这些恢复自由身的农奴各有不同的处理方式。在法国,法律明定农民是田地的拥有者,可以卖掉土地迁移他处。然而,不管是这些人还是买下他们土地的人,依旧得向旧日的封建领主缴交规费,对领主也依然负有义务,例如,领主的女儿婚嫁,他们就得送礼,或是每星期必须在领主的田地里义务做上几天的活。后来这些赠礼和服务转变成以金钱打发即可,因此,这些拥有土地的农民依然必须缴纳一堆杂七杂八的租金,他们既是地主又是佃农,这是极其罕异的处境。

　　而拥有广大田地的人,可能是个领主,现在也是个有钱的中产阶级,他们会雇用一些聪明的律师去调查,看那些农民有没有拿钱来缴清所有的应付规费和义务。当初这些规费和义务被转换成金钱时,并没有将通货膨胀考虑进去,以现代词汇来说,这些缴纳的钱并没有反映出通货膨胀指数,因此,领主有莫大的诱因去找出先前被遗漏或计算错误的地方。再也没有比这样的关系更令人火大的了,领主眼看着田地被移转到农民名下,为了弥补损失,于是拿旧日的规费当借口索取更多金钱。农民决定开始反击,他们集结起来,自己也雇用律师,向他们的领主宣战。

1788 年,法王召开三级会议,农民以为变天的曙光出现,所有他们痛恨的巧取豪夺终于可以解除,可是,事情迟迟没有进展,令人生疑;先前他们就听说巴士底狱被攻陷、国王承认了国民议会,可他们照样得缴钱给领主,其中定有阴谋;面包价格一天比一天贵,因为前一回的收成极差,而新的收成尚未到季。乡间传言四起,说那些贵族和恶霸正千方百计阻挠乡村的改革措施。农民果真起而行动,浩浩荡荡跑去找那些恶霸算账,把他们打得落花流水。他们也向领主的城堡前进,要求领主或他的代理人毁掉登记付款的大账册,如果领主点头,他们就心满意足地散去,若领主不肯点头,就一把火烧了城堡。

农民之乱在整个乡间燎原延烧,巴黎的革命党不知如何是好,这完全出乎他们意料之外。如果时机恰当,一旦他们制定了《人权法案》和新宪法,当会针对农民之怨谋求解决。问题是,借此向农民收钱之辈,这些革命党之中也不乏其人。

法国农民为何这么跩?

每当农民作乱,国王的反应通常是派遣军队镇压,但革命党并不希望这样;如果国王下令派出军队,很可能在解决农民之乱后转而要军队去对付革命党。议会领袖决定顺应民意,农民要什么就给什么。1789 年 8 月 4 日,议会彻夜开会,宣布取消所有田地规费和义务。过去借此牟利的人彼此互相怪罪,并承诺改革,但这一半是精心安排的表演,一半是歇斯底里的情绪。不过,议员们并没有完全被冲昏头,他们希望划定一条分际,关于私人服务的款项立即废除,但与地产相关的规费则是稍后再解除,并且让地主得到若干赔偿。但这条分际甚难拿捏,农民拒绝划界,坚持从今而后任何款项都不必付。

1793年,随着革命手段越来越激烈、新宪法也已出炉,所有的规费和义务一概取消。

如今,法国农民变成如假包换的土地拥有者,再也不受任何地主的牵制,他们后来变成19世纪法国政坛的一股保守势力,与城市里攻击私有财产、亟于创造共产主义社会的激进工人阶级分庭抗礼。在法国,那些大佬们总是能靠这些农民投票将这类共产主义提案否决掉。农民紧握着小小田地不放,也让法国农业永远是无效率可言的小规模经营。而今天,这些农民受惠于欧洲的各项补助,这表示他们可以用较低的成本销售农作物,以对抗澳大利亚效率较高、规模较大的农民。现在可是法国农民在压榨我们!

至于英国,在农奴制度告终之后,对土地的安排截然不同。任何形式的封建规费和义务全都销声匿迹。农奴按照现代的方法变成了佃农,也就是单纯付租金给地主就好。

佃农签有租约,有时期限极长,甚或可租用终身,不过一旦租约到期,地主可以更换佃农,把土地租给别人。在法国,农民保障较大,地主不能更换农民,但农民必须缴纳封建规费和义务;在英国,地主和佃农之间是现代的商业关系,这促成了它的农业生产力大跃进,称为农业革命。

英国农民为何这么富?

这场革命包含两大元素:农作方法的进步和土地所有权的重新规划。它与农业机械的改善毫无关联;拖拉机和收割机都是许久之后才告问世。

先说农作方法。频繁的耕种会让土壤养分枯竭,这是所有耕种者面对的基本难题。如何解决呢?如果是罗马帝国境外的日耳曼民族,农夫会在旧地枯竭后直接搬迁到一块新土地上去耕种,这只能算是半永久性的农业。

至于罗马帝国境内,会将农场土地分成两半,一半种植作物,一半休耕,意思是不种东西让田地休息,牛羊马匹在这块地上吃草,不但将去年收成的余梗吃掉,下的粪便还可充当肥料。一年终了,农夫在这块休耕地上翻土插秧、种新作物,轮到另一半开始休耕。19世纪之前,南欧一直是这样的做法。

中世纪的北欧则是发展出三田轮耕制,其中两块种作物,一块于秋天,另一块于春天翻土播种,第三块休耕。明显可见,这个做法提高了不少效率:时时都有三分之二的田地在生产谷物,而非二分之一。

18世纪的英国,则是将农地分成四份,每一块都种植作物,这就是农业革命。它为什么效果卓然呢?一块地如果一直种植谷物,养分会耗损殆尽。这种方法的聪明之处在于:其中两块田地一如往昔种植谷物,另外两块则用来种植牲畜饲料,例如芜菁或苜蓿。这些作物从土壤里汲取的养分不同,因此土壤不会因为不断种植谷类而告枯竭。事实上,苜蓿还可将大气层里的氮气固定于土壤而增益其养分。由于农夫也开始种植动物的饲料作物,足以养活更多的牛羊,不像过去那般让牲畜在休耕地上自生自灭;牲畜因为吃得好,不但更肥壮,下的粪肥也更多。一年将尽,当这块养牛养羊的田地转而种植谷物,生长的作物也就得到更好的收成。牲畜越养越多、越养越好,农作物收成也节节高升,这就是新的四田耕作法的结果。

在此同时,土地也重新规划,每个农夫都拥有稳

日耳曼民族
半永久性农耕制

罗马人
牲畜在休耕地上吃草，
一面啃尽余梗野草，
一面下粪施肥

中世纪的北欧
三田轮耕制，
两块田地在不同时间
种不同的谷物：一块
于秋天，一块于春天

18世纪的
英国农业革命
农地分成四块，每一块
田随时都种有作物，
没有闲置；
其中两块用来种植牲畜
饲料（芜菁或苜蓿），
土中氮气得到固定，
更多牛、更多粪便，
谷物收成更好。

田地制度
C＝作物（Crop）
F＝休耕（Fallow）

固的地权和清楚的分界,这样的规划取代了过去的农地制度——中世纪时期,村庄田地分成三大块公地,每块公地再细分为许多长条(称为条田),每个农民只耕种于一个条田。你没有自己的农场,农场属于整个村落,而农场的所有权握在领主手里。田地要种什么、何时耕种、种在哪里,一概由村落决定;所有人的牛都放牧在那块休耕地上。除了这三块公共耕地,其他都是荒地、沼泽或林地,除了开放给所有人的牲畜放牧,也供人割取茅草或收集柴薪。

将农地重新整并为清楚的地权是国会的德政,特别针对各村落的情况实施。英国议会可说是集大地主之大成,这些人认为,要让新的耕种法得到切实履践,固定圈围(或称圈地,大家熟知的名称)有其必要。种植新作物、照顾牲畜都需要个人投注心力,无须整个村落共同控制。地主若想增益其土地收成、提高收取的租金,可以在租约里加上一个条件:租用重划农地的人必须采行新的农耕法,拒绝种芜菁的农夫会被淘汰出局,换句话说,租约到期后不会得到续约。

重划工作进行得甚是审慎。负责的官员先对所

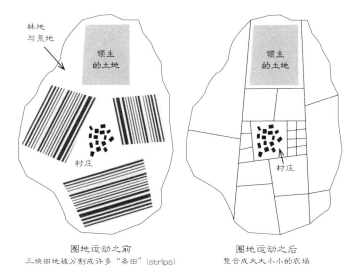

林地
与荒地

领主
的土地

村庄

领主
的土地

村庄

圈地运动之前
三块田地被分割成许多 "条田" (strips)

圈地运动之后
整合成大大小小的农场

有的村民仔细调查,确定他们目前拥有哪些权益,然后将每个人在公地的哪些区块工作、在公有地放牧的权利换算成某个或大或小的重划地的所有权。最吃亏的是那些先前只能在公地上放牧的村民,他们只能分到弹丸之地,什么好处也没有。这些人是最可能离开乡村、前往城市谋生的一群。不过,整体而言,在新规划地上以新的方法耕作,所需的劳动力不减反增。乡村人口确实有流向城市的趋势,但这是人口快速增长所致。

随着农业生产力增加,城市的成长成为可能。整体来说,现在更少的人就能提供所有人的粮食。英国是世上第一个有此重大跃进的现代大国。法国一些农业改良者见贤思齐,也想做类似的土地重划,可是法国的土地为农民所有,共治生活的观念根深蒂固,就连专制君主也动不了分毫。

工业革命衔接农业革命

18 世纪中期以后,英国的工业革命和农业革命开始衔接,相辅相成。棉花、羊毛不再交给村里的工人去纺纱织布,这个差事转由工厂代劳。这些工厂拥有最新发明,一开始是以水车当动力,接着是蒸汽引擎。劳工变成机器的照顾者和维修者,他们按时上下班,替老板工作,不再是自己的主人。设有棉花厂和毛料厂的市镇,人口节节高升;先是拜运河水道网络之赐,之后是铁路网,所有的新兴经济活动就此得到连结。终于,有个国家能够以便宜的价格将大宗货品运输到其他每一个角落。

英国的工业革命并不是计划的产物。它之所以促成,是因为在英国,政府受国会掌控,为了增加国家的经济和军事力量,欧洲各国的专制政府对工业莫不仔细规划,又是促进又是保护。而英国的贵族阶级和土地士绅,也就是国会的组成分子,由于涉身新的经济活动,让它快马加鞭的动机更强。管制工业和聘雇的旧规都被扫到一边,形同虚设。

这两场革命所引发的社会变迁是痛苦的。然而,世上第一个工业兼都会国家提出了这样的愿景:它将带领过去只够活命、饱受艰辛的平民百姓,迈向一种无可想象的富裕。

欧洲,为什么可以抢第一?

有很长一段时间,中国文明要比欧洲文明进步。欧洲的印刷术、造纸术、火药、罗盘针和运河的水闸,皆是直接间接从中国传来。然而,世上第一波稳健的经济发展首度发生在欧洲,工业革命继之而起。而其他代表现代的标记,如代议政体和人权观念,也是发轫于欧洲。欧洲是怎么一回事?

1480 年,中国明朝皇帝下令停止所有的海外探险和贸易,继续从事贸易的商人被视为在走私犯罪,皇帝会派军队破坏他们的居处,烧毁他们的船只。但在欧洲,没有一个国王曾经滥用或自许有这样的威权,宣布这样一个闭关自守的律令代价高昂,没有一个国王负担得起。在欧洲,当国王的总是强敌环伺,而中国皇帝的君权无人能比,这是他们拥有的优势——或者说是陷阱。欧洲国家之间相互为敌,是它们向海外扩张的一股推动力量。

罗马帝国灭亡后,西欧再也不曾出现一个统领整片疆土的强大力量。想象一下罗马曾被某个单一势力征服,就像印度被莫卧尔人、中东被奥斯曼土耳其人征服那样。借由征服,这些异族摇身成了新江山的主人。但罗马的征服者却是数个不同且互相敌对的日耳曼蛮族。这些蛮族从来就没当过什么主人,与其说他们征服了罗马帝国,不如说他们在踏上这个帝国的土地后,发现它正在自己的脚下融化。他们毫无治理固定国邦的经验,连罗马赖以维生的征税机制都维系不住。他们颠覆了普世政府的一个通则,治理辖下的国家却课不了税。

不是所有东西都归国王所有

欧洲的历史演进泰半从奠基的这一刻起便已注定。政府对人民毫无掌控能力,它们必须殚思竭虑,才可能争取到人民的服从。它们若想扩张势力，就得提供良好的政府——也就是维护治安作为回报，它们不能像亚洲和中东不计其数的帝国及王国那样，光靠收税机制和进贡就能运转。

数百年来，这些国王最大的威胁是他们最有权势的下属——土地贵族阶级。这些权臣最后终于俯首，但因为已在自己的领土上雄霸够久，早就为自己也为他们土地上的人民争取到私有财产的保障。"不是所有的东西都属于国王"，这是欧洲自由和繁荣的基石。

为了让贵族俯首称臣，国王对城市里的商贾、贸易人士和金融家多所依赖，一来他得靠这些人提供贷款和人力才能维系官僚体系，二来这些人的财富可以被课税。欧洲君主的征税细水长流、手法温和，以免杀死了下金蛋的母鸡；亚洲国家的统治者比较独裁，征收苛捐杂税之余，手头拮据时甚至直接把商家的货品没收充公。

欧洲君主的低调谨慎也是不得已，因为在这个群雄环伺的微妙均衡局面下，他只是玩家之一，而且商人要是被欺压太过，可能转而投靠敌营。在此情况下,他们重视经济发展和新兴科技也是不得不然的行为,而虽然这些科技主要是用于战事,但和现代殊无不同的是,这些国防花费可能带来重大回收。除了谨言慎行,他们也牢记罗马帝国的教训和基督徒国王身负的义务,因此比较不会施行暴政、纵情声色,而这样的场景在亚洲君主中屡见不鲜,比欧洲常见得多。

这些欧洲君王降伏旧日贵族后,随即成为一个活跃的新兴阶级——城市里的中产阶级的支持者。当年这些君主势单力薄,曾经允许各个城镇自治,而随着城市的财富日增,这个让步也变得更加举足轻重。相较于自拥大军、躲在城堡里防御自己的贵族,中产阶级似乎平和得多,不具威胁性。然而,无论贵族多难应付,他们毕竟是社会秩序的一部分,而在这个社会秩序里,国王是天经地义的元首;反观中产阶级,他们的生活方式根本无需国王的存在,长远来看,对于王政的威胁远比贵族更棘手。

君主从薄弱的基础起步,权势逐渐增添——只有在英国,君王犹在国会的驯服下,这是唯一的例外。这个机构是中世纪留存下来的传统:国王必须和大臣们商量国事。即使是专制君主最出名的法国,国王的命令也不是无远弗届、令出必行;为了维系国土完整,他必须做出许多让步和特别交易。法国的三级会议虽不再召开,偏远省份的迷你三级会议却依然存在,在否决法王于1780年代推动的税制改革上扮演了一定角色。法王试图变革失败,被迫重新召开国家三级会议——改革分子借鉴英国议会政府并得到启发,非逼得他那样做不可。

至于中欧,也就是现在的德国和意大利,从来不曾有哪个君主建立起统一的强国,皇帝和教皇长年为权力明争暗斗。在这个地区,都市、城邦、侯国封邑林立,俨然多个独立小国,是欧洲权力分散的一个极端例证。这些迷你小国为文艺复兴和宗教革命奠定了基石,而整个欧洲也因这两场运动脱胎换骨。

权力分散、遗产多元

欧洲在政治上虽然四分五裂,但仍是一个完整的文明,中世纪以降就一直被称为基督教文明。直到宗教改革之前,教会是不分国界、屹立于所有土地上的组织。教会也曾野心勃勃想控制国政,但国王虽然肩负护卫基督信仰的义务,却不认为自己应该对教会唯命是从、有求必应。教会与国家之间总是关系紧绷,最突显也最持久的例子即是教皇和皇帝之间的剑拔弩张,而这是权力分散的另一例证。

教会是基督教社会精英文化的掌控者,也是这个宗教的圣典——《圣经》以及古希腊罗马学术的保护者。在中世纪,一些学者将《圣经》和古学术编织为一,制造出一套头头是道的神学思维,但教会也有罩门,它的圣典对教会本身的结构只字未提——教会其实是个以罗马统治为范的精密组织;另外,它所保存的古罗马学术是异教徒的作品。借着宗教改革和文艺复兴运动,这样的扞格就此爆发。

在中国,权力是极其明确地集中在皇帝手里,以儒家为尊的精英文化对君权统治也支持有加。无论是个人修为或待人处世,中国人莫不以儒家思想为圭臬,它已深深扎根于整个社会和国家。统治者不管有没有合法性都得熟读四书五经,而你得通过儒家经典考试才能当上国家官员。

反观欧洲,权力不但分散,精英文化也是个大拼盘,与君权统治之间的系带并不牢固。中国人非常聪明,可是他们的聪明从来不会脱轨失控,纵有奇思异想,基本上都不曾造成纷扰。欧洲社会的开放则是源远流长。近代欧洲在经济上爆发力十足,智识生活百家争鸣,皆是基于一个事实:不管是好是坏,从来没有一个单一强权掌控过它、形塑过它。它多元的历史遗产因此能被充分发掘、延伸;希腊的数学观念在科学革命时期得到实现,从而建立起科技创新的一个新基础。

经济历史学家抛出一个问题,问欧洲何以在工业化方面跑第一,就仿佛其他社会跟欧洲是在同一个轨道上并行,结果率先触线的是欧洲。帕特里夏·克龙,本书诸多灵感即是得自于她,却是这样问:"欧洲究竟是跑了第一? 还是怪物一个?"在她看来,欧洲毋庸置疑、不折不扣是个"怪物"。

DESTRUCTIVE FORCES

破 坏 性 力 量

欧洲由一大群国家组成,它们之间总是存在矛盾冲突。在 20 世纪,欧洲国家之间发生了两次残酷的战争,对士兵和平民的杀戮都达到了一个新的程度。在第二次战争中,阿道夫·希特勒(Adolf Hitler)统治下的纳粹德国试图以系统化的屠杀来灭绝欧洲犹太人,在欧洲历史上这是前所未有的暴行。何以至此?

本书前已述及的两种力量在此扮演了重要角色:民族主义,其思想源自德意志;工业革命,起源于不列颠。

民族主义将人民更为紧密地捆绑在其国家之上,强化了他们为国家而战斗甚至捐躯的意志。即使他们还没有国家,民族主义也会使得人民奋战来建立自己的国家。这是中欧和东欧国家诸多纠纷冲突的一个重要源头,这些国家现在也在我们这本历史书里登台亮相。

工业革命吸引人们离开乡间,进入到城镇这个相对而言不强调人的个体性的社会。同时,人口快速增长,人群以前所未有的规模集聚一起。他们学会阅读,在学校里、从报纸上了解社会,蒸汽驱动的机器廉价而大量地生产了这些报纸。在 20 世纪,他们听广播,看电影。希特勒的发迹就离不开广播,他也成为一种新的电影明星。当旧有的社会联系被弱化,教会变得不那么重要,民族认同感,这种在学校里被灌输,并由新媒体传播的意识,帮助人们集聚一起。民族主义成为宗教的替代品,为人们在一个持续存在的社群里提供了自身的定位。他们不再是基督教国家里的基督徒,而是法国的法国人,或者德国的德国人。国歌国旗、男女英雄、圣地与盛典纷纷产生,以保证人们时刻依属于这个新信仰。

如果说民族主义带来了战争,工业革命则使战争更加残酷。那些新的钢铁磨坊能够生产更多、更大、更具破坏性的武器。从前枪炮需要有工匠来手工制造,以保证所有部件安装到位。但随着机械工具的发展,所有部件都能以高度统一的标准来制造,快速大批量生产成为可能。事实上,枪炮是最早以这一方式进行生产的产品,比汽车早了六十年。

在欧洲,人类的活动规模前所未有之大:大生产,大社会,大屠杀。

工业化在欧洲社会造成一种新的内部威胁。农民时不时就会起来造反,也很容易被镇压。新兴工业城市里的工人无论在工作还是生活中都更加紧密相处,学会读写后,他们逐渐了解控制他们的那些力量,并创立了一些永久存在的组织。借此,他们争取更好的生活,并在社会运行中争取发言权。

工人们组织了抗议活动以要求政治权利,其中首要的是所有人的投票权。他们组织起工会与老板斗争,以争取更好的报酬与待遇。他们组织了政党,目的是清除老板们及其利润,使这个工业体系为了劳动者的利益而运行:这是社会主义的纲领。当不再可能以和平方式实现任何真正改变,他们就策划革命,彻底摆脱老板们,并建立一个工人自己的国家。这些共产主义革命没能在欧洲达成长期的胜利;他们确实在俄国取得了成功,而他们在俄国的统治引发的恐惧在欧洲成为一种有力的力量。民族主义者痛恨共产主义者,因为共产主义者号召工人不应为他们自己的国家而战,说全世界劳动者应当联合起来,只反对他们的雇主,以及保护那些雇主的各国政府。

工业化也带来了中产阶级的膨胀,包括商人、银行家、工厂主以及那些为他们服务的专业人士。这是一个古老的阶级,自从贸易和工业开始增长,其地位就越发重要。集权君主们曾经吸纳他们的财富,并招募他们为其服务。到了 19 与 20 世纪时,随着数量和自信心的不断增长,中产阶级成了最为信奉自由开放政策的群体,具体包括:推崇代议制政府,推崇法治,推崇个人的权利与自由——言论、结社的自由,以及经商赚钱的自由。所有这些政纲都是直接针对王室贵族的统治。与此同时,这些开放自由派并不想把权力让渡给人民;他们不是民主主义者。他们在何等程度上支持或压制人民的诉求,这是一个长期持续的两难困局。工人也面对同样的问题:他们能够接受中产阶级领导的反对特权的斗争吗?

还是工人只会被利用,最终遭背叛?

我们首先将要研究 19 世纪时这些力量在欧洲领先的三个国家中是如何角力的。工业化是否带来革命了呢?

第九章

工业化与革命

宪章运动与英国工业革命

英国的工业革命并无事先计划,在新建的工厂周围成长的城市也毫无规划可言。为了让工人有容身之地,旧房子从阁楼到地窖被逐间出租,整个家庭被迫挤在一个房间。新的连排住宅拔地而起,背靠背挤作一堆,所以这些房子有前门但没有后门或后窗。道路没有铺路面,也没有下水道或排水沟,各种污秽在街上横流,垃圾堆积在废弃空地上。

19 世纪 40 年代,一个来自德意志地区的年轻人

图9-1 工人全家
住在曼彻斯特的旧
屋里。

调查了这些情况,并撰写了一本充满谴责并预言未
来的热情洋溢的书,标题是《英国工人阶级状况》
(*The Condition of the Working in England*)。作者是弗
里德里希·恩格斯(Friedrich Engels),他来到英国是
为了协助他父亲生产缝纫线的生意。理论上他是一
个共产主义者,而在英国他认为他发现了能够将其
理想付诸现实的力量。在书中他写道:人类从未像
当时在英国那样地生存。机械化生产使得社会两极
分化:拥有工厂的中产阶级与工人阶级相对立。劳

动本身是单调而乏味的；工人只能依靠劳动而生活，所以经济周期下行时，工人无论本身素质好坏，都会陷入贫困。他们的居住条件似乎是在测试"人类能够存活的最狭小的空间、最稀薄的空气、最低下的文明"。恩格斯的总结认为这种状况不可能持续。由此爆发一场斗争是科学的必然，工人的这场反抗会使得法国大革命看起来宛如儿戏。

恩格斯的这本著作在德国出版，卡尔·马克思（Karl Marx）是其最重要的读者，他是一位由德国哲学家转变而来的革命派作家。马克思和恩格斯在1848 年合作出版了《共产党宣言》（*The Communist Manifesto*），宣告所有历史进程都将走向恩格斯之前阐述的在英国的状况。就像中产阶级之前对贵族统治的斗争那样，工人也将推翻中产阶级，建立一个共产主义劳动者的国家。"至今一切社会的历史都是阶级斗争的历史。"《共产党宣言》在一开头就如此宣告。它对劳动者们总结性的建议是：推翻全部现存社会制度只是让他们失去锁链，各个社会中现存法律和宗教只是用来压迫他们的，个人权利——我们现在称其为人权——也是一个骗局，它只服务有产者,对劳动者并无益处。

这本小册子是 19 和 20 世纪最具影响力的政治出版物——但并不是因为他们的预言实现了。根据理论,工人革命会在资本主义最为发达的地方首先发生——也就是说英国。但是在英国发生的是政治变革,而非工人革命。

英国在 17 世纪发生的革命带来的宪章使王室受议会控制。当时并没有统一的议会选举规则,不同的地方规定不同,例如投票资格都有差别。总体而言,当时有资格投票的人仅占六分之一,而且工人被排除在外。那些已经衰微甚至不复存在的城镇仍然能够选出一两位议会成员。在这些已经不存在的城镇里谁来选举呢?是那些拥有这些城镇土地的人。与此同时,很多随着工业革命产生的新城却没有议员名额。

议会改革运动从 18 世纪后半叶开始,但当法国大革命展示了改革失控的可能性时,英国的改革暂时停步。改革者并不想扰乱局面,当时在英国发生的宣扬法国人权理念的工人阶级运动也都被镇压了。直到 19 世纪 20 年代,改革才重获推进。这场为中产阶级而来的改革意味着贵族和地主阶层对议会长期以来的控制就此告终，具体的实现方式包括为城镇——真实的城镇——分配更多代表名额，秘密投票也许也是实现方式之一，这使得大地主无法要求其佃户如何投票。对于工人来说，改革的首要意义是人人有选举权与被选举权。

议会中的反对党支持了这项改革。当时辉格党（Whig Party）在野，他们本身并不是中产阶级，相反，他们比当权的托利党（Tory Party）更加贵族化。辉格党在 17 世纪的革命中坚决反对天主教国王詹姆斯二世。他们认为自己是全体英国人享有的权利的守护者，也是英国式君主立宪制的守护者。在一段漫长的在野岁月后，他们于 1830 年竞选获胜，随后于1832 年，在一番艰苦斗争之后，他们迈出了议会改革的第一步。托利党以及托利党占多数的上议院激烈反对改革。而改革最终得以通过，是因为工人通过大规模示威游行予以支持，如果改革被拒绝，暴力或革命就会变成现实。

1832 年改革法案赋予中产阶级选举权，废除那些已经衰微甚至不复存在的城镇的代表名额。即使

图9-2　1842年的宪章运动请愿书正在被送往议会,超过三百万人签名支持此次请愿。

改革并未给他们选举权,工人仍然支持该法案。他们为这次针对旧秩序的攻击感到无比振奋,并感受到进一步的变革将很快出现。

当进一步的变革并没有出现时,工人阶级的领袖们探讨制定了一份他们自己的政纲,旨在建立一个完全民主的国家。这份政纲集中体现于一份包含六点主张的宪章,而其支持者被称为宪章派(Chartists)。六点主张包括:所有男子有普选权;各选区平等;秘密投票;议会成员没有财产资格;议员享有年俸;每年召开议会改选。

宪章派的活动形式是选拔代表参加全国大会，将上百万人签名支持的请愿书提交至议会，以要求议会采纳宪章内容。但是议会如果拒绝他们的请愿，那该如何是好？宪章派就此分裂：大部分希望能以"道德力量"继续运动，也有部分转向"实力斗争"。这样的争论长期持续，因为在十年中议会前后三次拒绝了请愿。恩格斯关于某个方面的看法是正确的：最为坚决的宪章派成员来自北部的新兴工业城镇。当第二次请愿被驳回后，他们试图组织一次总罢工，但最终失败。他们的计划是持续罢工直到宪章被采纳。

很多关于暴力的言论仅仅是虚张声势，宪章派只是想恐吓政府以迫使其同意他们的主张。但是政府并没有就范。现在已经加入政治版图的中产阶级与贵族士绅站到了一起，反对向宪章派做出任何让步。只有统治阶级无法维持团结时，革命者才能找到机会。宪章派了解他们几乎没有可能凭实力取胜，因此希望能以道德力量继续活动的人在组织中的地位不断上升。每次挫折之后他们都会继续……请愿。

政府并未查禁宪章运动。他们试图控制它,而非压制它。政府和法院宣告公共集会是完全合法的;要求所有男子有普选权也是合法的;请愿更加是合法的——这是自古以来的权利。只有发展成暴乱的集会、在报章与集会上发布煽动情绪蔑视政府的言论以及威胁使用暴力的情况才会被视作非法。出于这几项罪行,部分宪章派人士被逮捕,对他们的审判是公开的,并基于通常的证据标准。他们大部分被判有罪,但量刑很轻,六个月或十二个月的监禁。

政府决定不必处决宪章运动者,因为这会激起公愤,并刺激其支持者。这表明英国在某种程度上已经成为一个实质上的自由开放社会。在其他地方只有屠杀工人阶级敌人才能取悦贵族和中产阶级。政府派出军队来控制宪章运动的局势,但是领军的将领同情活动者,并谨慎地控制其部队。

当宪章运动仍在请愿的时候,其领袖并不认为所诉求的只是政治权利。他们中的一些人开创了针对工人的教育事业;有人让工人摆脱酗酒;有人为他们购置小片土地以安身;有人组建工会;还有人组建社会主义合作社。透过所有这些努力,工人成为文明社会的可敬成员。即使宪章运动于 1850 年后逐渐消亡，上述事业仍在继续。

宪章运动在 19 世纪三四十年代的三次高潮适逢经济衰落期，1850 年后经济好转，工人的生活水平也得以改善。随后到 1866 年，执政的自由党（Liberal Party，辉格党的后继者）政府在并没有受到很大压力的情况下提议扩大参政范围。而托利党更加大胆地超越了自由党，在 1867 年推行了一项措施，赋予大部分城镇工人选举权。1884 年自由党执政时期将选票进一步送到乡村工人手中。第二或第三次改革法案仍然没有建立起基于个人的普选权，选民必须是房主或住客。在第一次世界大战中为英国作战的很多军人仍然没有选举权。直到战争临近尾声时他们才享有这项权利，因为 1918 年通过的第四次改革法案才实现了针对男性的普遍选举权，并给予了部分女性——年满三十岁的——选举权。

所以英国的统治者操控了工业革命带来的社会动荡，并没有造成政治动荡。通过逐步的改革，古老的宪章被推广至所有男性劳动者，而英国也获得了最为稳定的国家的美名。

法国错过工业革命

在法国并未发生工业革命。纺织业的生产进行了机械化改革,但是煤铁工业并未大规模发展。拜1789年革命所赐,整个19世纪,法国基本上都是一个农业社会,大部分土地在农民手中。

1789年之后的十年中,各种政体在法国轮番登场。在绝对君权之后是立宪君主制、民主共和制、有产者的共和制和军管专制。然后在19世纪,法国用比较慢的速度又把它们轮流尝试了一遍。社会始终处于不稳定中,因为第一次革命造成的社会割裂需要长时间才能愈合。任何形式的政府都无法达到普遍认可。人人都见过他们的死对头会做出什么事情来。即使1789—1791年相对温和的革命也攻击了天主教会,因此教会及其信众相信能够保护他们的只有复辟的王室,或者退一步,一个像拿破仑那样的强人。自由派也不会向天主教会让步,因为由此而来的反应将剥夺他们的自由。工人可以成为自由派的有用盟友,但是他们也恐惧工人能够做到的事情:

1789 年的革命发展得越民主，也就变得越极权。

政权更替持续发生，流产的革命与政变也是家常便饭。因为即便是倾向自由开放的政权也深受威胁，以至于他们会关闭报馆、查禁集社——由此激发了下一场革命。在那些流产的革命中也包括了试图建立工人国家的努力——在一个工业并不发达，工人阶级规模不大的国家。

这是法国政治历史的一张表：

1815	1830	1848	1870
复辟	革命	革命	战败
波旁王室	奥尔良公爵	民主共和制	民主共和制
路易十八	称王	1848-1851	1870-1940
查理十世	路易·菲利浦	失败的社会	巴黎公社在
		主义革命	1871 年被镇压
		拿破仑三世	君主复辟的
		帝制	企图失败
		1851-1870	共和制得以
			巩固
			1879

当拿破仑一世在 1815 年战败后，欧洲各个曾经与他交战的盟国扶植波旁家族重回王位。所以又来

了一位路易国王,路易十八。他并不是一个高度集权的君主,但是人民在政府里也没有发言权。路易允许议会存在,但议会权力很小,有选举权的人也很少。他的兄弟查理继承了王位,作为一个真正的反动派,在1830年革命中查理被赶下了台。

下一任君主成为一个立宪君主:路易·菲利浦(Louis Philippe),公民的国王。他来自奥尔良公爵家族(Orleans),与波旁王室是宗亲,但在政治立场上较为进步。他的父亲支持了1789年的革命,并得名"平等的菲利浦"。路易·菲利浦并没有那么信奉平等理念。在其治下,更多人享有议会选举权,但并不包括工人。1848年推翻他的革命建立了一个民主共和国,其宪法包含了一位经选举产生的总统。第一次总统选举选出的是路易·拿破仑(Louis Napoleon),拿破仑一世的侄子。他的任期为四年且不得连任,但在任期到期之前他就通过政变夺取了权力,并以皇帝的名义执政,希望能够重现他叔叔的荣光,但最后却是惨痛的失败。1870年,他愚蠢地与普鲁士开战,然后成为俘虏。又一个民主共和国取代了他。

共和国从一开始就磕磕碰碰。在其第一次选举

图9-3　革命传统:德拉克洛瓦(Delacroix)在《自由引导人民》(*Liberty Leading the People*)中描绘1830年革命。

中胜出的多数派是反对共和制的,所以议会一开始就试图复辟君主制,而来自波旁王室和奥尔良公爵家族的继承人也互不相让。巴黎人民不想再被一个反对共和制的政权统治,因而创建并在短期内维持了他们自己的政府——巴黎公社。共和国随后将其镇压。国内支持共和制的投票比例逐渐上升,到了1879年时共和国逐渐得以稳固。

巴黎公社是巴黎人民最后一次自行起义,也是最为坚决的一次。从 1789 年起他们就为各次革命提供了街头勇士。没人会争论运用暴力是否合法。只要起事初见开端,他们就会砸开枪店夺走武器,宣布成立共和政府,唱着《马赛曲》(*Marseillaise*) 在马路上筑起街垒,然后准备战斗。但是新成立的政权总是令人失望。1832 年,人们再度上街反对路易·菲利浦,虽然两年前他们帮助路易登上了王位。这次起义被残酷镇压,数百人丧生。1848 年,工人及其代表成了初期革命政府的一员。为了让他们满意,政府对每日工作时间进行了规定,巴黎被限制为每日十小时,外省为每日十一小时。同时建立起国营工场,这些工场并不以盈利为目的,而是为无业者提供工作。但在第一次选举之后共和国走向保守,国营工场随之关闭。人民再次起义,随后再被镇压,大约三千人丧生。

巴黎公社持续了十周,这期间堪称人民当家做主。他们是共和主义者、社会主义者和无神论者。他们对教会和神职人员进行了凶猛打击,教堂被用来储藏武器并举行政治集会,而且还将巴黎大主教作为人质处决。他们鼓励成立合作工场，并宣告未支付的账单和租金无须付款。面包师傅们可以不用连夜工作，所以社会主义意味着早饭没有新鲜面包吃——这可是在巴黎！

公社的领导者和支持者并不是工厂工人——巴黎当时并不是一座工业化城市。他们是劳工、建筑工人和小工场的技工，再加上学生、记者，以及通常的革命分子。社会主义已经成了劳工社会议程的一部分，并不是因为工作条件有了变化，而是因为巴黎，作为革命的核心地带，自然也是关于解放工人阶级的诸多新观念的摇篮。

但是法国从未支持过那些巴黎工人及其目标。工人发起了革命，而选举举行时，占据人口大多数的农民总是会被说服，去投票支持保护私有财产或者保护教会。1871 年，公社成员认识到了这点，并宣告法国各个地区应当自治，就像他们统治巴黎一样，他们并不将自己的政府强加给整个国家。当时盘踞在凡尔赛的新成立的共和国政府由君权派当道，这些人永远无法支持公社这一观点。他们派出军队为法国夺回巴黎。在街头混战中两万公社成员捐躯，随后就是集体处决。这不仅仅是个军事行动,还是一种阶级仇杀与政治清洗。

社会主义者和共产主义者从工人政府曾经短暂执政这一事实中看到了很大希望。马克思对法国爆发的阶级斗争表示欢迎,尽管个中原因并不像他和恩格斯所预言的那样。他认为公社还不够冷酷无情。他们应该向凡尔赛进军,在新建的共和政府站稳脚跟并控制法国之前就将其推翻。将来会成为俄国共产主义革命领导人的列宁,从巴黎公社中总结的教训是:革命者需要冷酷无情,要去夺取权力而不是寻求当权者支持。

对巴黎公社的残暴镇压,阻止了工人阶级对法国社会继续造成威胁。当共和制得到确保后,工会中的工人联盟和社会主义政党就被允许组建。有些工人仍然依附革命,但是这个稳定的共和国不会再度发生权力崩溃,让他们找到之前那样的机会。不管怎样,这是一个民主共和国,工人拥有并保持了选举权。这个共和国一直持续,直到法国在第二次世界大战中被击败。

德国工业革命迟到了

德国的工业革命来晚了,直到 19 世纪下半叶才发生。它的工业革命一次完成了三步走,包括了第三阶段的化工与电力工业、第二阶段的煤铁工业与第一阶段的纺织业。德国的产业工人支持着欧洲最大的社会主义政党,这个政党也长期坚持马克思的教导。这使他们在一个拥有全欧洲最为高效的战争机器的社会里反对战争。

德国直到 1871 年才完成统一,与他们的工业革命启动大致同时。之前维系各个日耳曼邦国的是个松散的邦联,在 1815 年由击败拿破仑的盟国组建。这个邦联取代了拿破仑废除的神圣罗马帝国。德国培养了那些深思民族主义及其根源与必要性的思想巨人,某种程度上即是因为他们写作时德国尚不存在。

日耳曼的统一之路阻碍重重。各个国家都珍视自己的独立,即使民族主义力量不断增长,他们仍然热衷于让人民依附于各自的国家。普鲁士和奥地利作为最大的两个日耳曼王国却是死对头,都不希望对方组建起一个日耳曼国家并成为其主导力量。一个统一的德国也会成为欧洲的新兴势力,因此其他强国也都非常关注试图统一日耳曼各国的任何举动。

到了1848年,突然之间出现了一种新的统一方式。当年在巴黎发生的革命在欧洲各地引发了连锁革命,德国也包括在内。但是英国除外:宪章派组织了又一次请愿,但是当警察向游行大众告知这份请愿书不能强行送至议会来做展示,人群就散去了。在欧洲,群众不断施压,惊恐的统治者们做出倾向于自由民主的让步,但在革命高峰过去后,自由派对民主派深感恐惧,大部分之前做出的让步也被逐步收回。在这片动荡中,来自各个日耳曼国家经过遴选的代表齐聚法兰克福,寻找建立一个统一的日耳曼国家的方式。

法兰克福议会的参与者无论在财富上还是才能上都堪称优秀,其中有教授、法官、官员、专业人士以及一些商人。他们的政治观点大多倾向于自由开放,也有一部分人支持民主制。他们首先得决定新国家的疆域,如果奥地利被包括在内,很多非日耳曼人也将成为这个国家的成员。他们决定将奥地利排除在外。议会颁布了一项规定了基本权利的宣言,并起草了一份宪法,赋予所有男性国民投票选举议会下议院的权利。是选举一位总统或推选一位国王作为国家元首,还是将这个头衔赋予一位现成的国王呢?他们决定将此授予普鲁士国王——然而他拒绝了。他并不想成为一个受自由宪章约束的统治者,而且他也知道这个议会并没有实际拥有他们所宣称的权力。如果他站出来成为德国的统治者,奥地利会怎么想?其他国家又会怎么想?

这议会召开时恰逢权力真空期,当议会达成共识后那些国王和大公已经重夺权位,他们也就能够无视这个议会。议会中的部分民主派人士想要以革命推动时局,推翻旧统治者并建立新国家,但是自由派并不支持,因为他们害怕革命可能造成的后果。自由主义者在法兰克福的这一失败使他们没有能够成为这个国家的塑造者。

这个国家将不是依靠演讲和投票来建立,锻造这个国家的将是铁与血:奥托·冯·俾斯麦(Otto

von Bismarck）就是这么认为的，他从 1862 年起担任普鲁士国王的首相，是一位外交与战争的大师。1866 年，他使奥地利卷入一场战争，并很快让普鲁士成为战胜国。在战后的安置方案中，那些支持过普鲁士和错误地支持了奥地利的北部日耳曼邦国被组成一个由普鲁士控制的北德意志邦联。随后他通过一番操作使法国向普鲁士宣战。这是欧洲外交与战争史上的一个标志性事件。俾斯麦通过篡改一份新闻稿，使得法国依照他希望的方式行动。这份新闻稿确切来说是一份来自普鲁士国王的电报，内容是关于西班牙王位继承问题与法国的纠纷已经得到解决。俾斯麦修改了电文内容，使其读上去像是国王就此事粗暴拒绝了法国，随后将其发布给媒体。法国对这样的侮辱极度愤慨，国家荣耀岌岌可危，拿破仑三世随之宣战。

俾斯麦希望能在此时进行战争，因为他正确地预计到其他列强不会插手。以这场战争的名义他可以让南部的日耳曼国家加入他的邦联。法国之前是这些国家的主要保护者，以防止出现一个太过强大的德国。但是现在法国先开战了，很快普鲁士军队

图 9-4 铁血宰相：
奥托·冯·俾斯麦。

就把法国军队和他们倒霉的皇帝一起重重包围，此时法国已经无力回天。南部各国随之加入阵线。巴伐利亚国王代表所有日耳曼国家的统治者发言，提议普鲁士国王成为德意志帝国皇帝（用俾斯麦提供的讲稿！）。威廉一世（William Ⅰ）随之在凡尔赛皇宫加冕为皇帝。

这个德意志帝国本质上是一个普鲁士帝国。普鲁士的威廉国王与首相俾斯麦也是德意志帝国皇帝与帝国宰相。德国的军队和民政系统大部分由普鲁士人组成，依照普鲁士规定运作。普鲁士的首都柏林成为德国的首都。俾斯麦也为这个新国家建立起了议会、帝国国会。议会对宰相和他的政策无权置喙，它主要是个立法机关，并审核批准年度预算。军事预算每隔七年才审批一次。如果议会质疑军事开支，俾斯麦就会导演一场国家危机，使议会就范。

普鲁士最初成立时是一个小国，地处日耳曼土地的东部边境地区，如今是波兰领土。它的地主贵族，被称作容克，将其性格赋予这个国家：坚决维护自己的统治与秩序，激烈反对自由主义和民主制；自己率军，并以纪律、军役与极高的荣誉感作为军旅生活的理想。普鲁士军队的效率使这个微小的边缘国家发展壮大。现在普鲁士又将自己的品格赋予新的德意志国家。那些曾经希望有一个由公民创造和控制的国家的自由主义者，大多接受了俾斯麦创造的这个联盟。俾斯麦本身就是一个容克，尽管那些容克并不能理解或者接受，在一个像俾斯麦那样手段灵活的机会主义者的保护下，他们的统治方能维系。

俾斯麦曾经反对民主，但他提供了所有成年男性能够投票参选帝国国会的机会。当俾斯麦第一次表示支持普选时，皇帝深感震惊。"这是革命。"皇帝说。而俾斯麦的回答是:"如果全民普选能够将您置于磐石之上,水波永远无法触及您,那么这对于陛下有什么要紧呢?"所以一个民主的帝国国会就是为了让自由派与民主派保持安静,个中诀窍在于如何管理它,从而使得皇帝与宰相仍然能按照他们的意志来统治。帝国国会并不能罢免俾斯麦,但他需要通过他的政策时仍然要在议会寻求支持。而他确实在可能处找到了支持者:当他想要在帝国内摆脱贸易限制,以及想要限制天主教会的权力时(普鲁士主要信奉新教,而新加入的南部邦国信仰天主教),他利用了自由派;而当他决定需要保护农业以及控制社会主义者时,他又利用了保守派。他无法接受帝国国会成为他的阻碍,更不用说他会让议会逐渐向英国议会的方向发展,让议会来控制政府。理论上,帝国国会里的自由主义者希望如此,但他们太过尊敬权威,同时又过于恐惧以此为目的的民主斗争。

由社会主义者组建的社会民主党(Social Democratic Party)在帝国国会逐渐发展壮大。他们永远不会支持俾斯麦。而俾斯麦由此痛恨社会主义者。当普鲁士军队在法国时,巴黎公社深深地震慑了他,而社会民主党领导人在国会公开称赞公社之后,他对之更加深恶痛绝。在 1878 年一次针对皇帝的暗杀企图之后,俾斯麦通过法律禁止一切社会主义组织和出版物。但是,社会主义者仍然被允许当选国会议员。所以面对工人阶级的挑战,德国走上了与英国相反的道路。英国允许宪章派集社但不能参选;德国允许社会主义者参选但不能集社。其结果是将社会主义支持者与德国社会割裂开来,社会主义组织继续存在,但现在只能在地下活动。

随后俾斯麦试图透过把自己塑造为国家提供社会福利的先驱,引诱工人远离社会主义:他引入养老金、事故保险和医疗保险。但这并不奏效。支持社会主义者的投票继续上升。

1888 年德国迎来了一位新皇帝,威廉二世(William Ⅱ),威廉一世的孙子。他非常聪明而积极,对他的国家满怀雄心壮志,但是性格冲动,在处理自己的需求和情绪时简直就像个少年,毫无谨慎或斟酌可言,而且他十分自信,即使没有俾斯麦老头子辅佐,他也能好好统治。他与俾斯麦在社会主义的问题上分道扬镳,俾斯麦想要使他的反社会主义法案永久化,而皇帝虽然也反对社会主义,但他认为透过较为温和的手段,他还是能够限制社会主义对大众的吸引力。俾斯麦就此辞职。反社会主义的法律并未实行,通过了新的法律来规范工作时间与工作条件。

社会民主党蓬勃发展,在 20 世纪初已经成为最大的党派,有三分之一的德国人投票支持他们。在政治上,他们的影响力仍然不大,因为政策是由皇帝及其宰相决定的。社会民主党人没有成为政府部长,他们的党派也不希望他们加入任何非社会主义的政府。在社会上,社会民主党鼓励其支持者多多参与由党开设的文化和体育协会,与社会其他组织有所区分。这一方面是为了保护工人免受中产阶级社会的腐朽风气影响,另一方面也是因为中产阶级根本没有和工人混在一起。所以德国社会生活中的这个庞大的新生力量依然孤立无援。

党内对于政纲也存在着分歧。马克思一直是其重要的思想来源,但现在"修正主义者"开始争论马克思的预言并未成真:工人并没有变得更加穷困,生活水准是在提高。社会并没有分化成两大阶级:劳动者与其老板,因为白领工作者这个群体产生了并不断增长。国家在改善工人的条件。这意味着党应当通过现有渠道来为社会主义努力,而不是诉诸危机、崩溃与革命。帝国国会里的大部分社会民主主义者在实践中接受这个观点,但党的官方口径却是排斥修正主义的。为了取悦忠诚的党员们,你必须倡导革命。这意味着德国社会的其他部分依然恐惧社会民主。

下面这张对比图表展示了 20 世纪开始时,工业化与革命在英国、法国与德国产生的不同效果:

英国	法国	德国
● 主要是议会控制王室的历史 ● 工业革命 ● 中产阶级享有选举权 ● 拒绝了工人的民主诉求——到后来才接受	● 主要是革命的历史 ● 有限的工业化 ● 失败的工人革命 ● 民主但并非社会主义的共和制	● 主要是专制统治的历史 ● 快速的工业化 ● 强大的社会党,宣扬革命 ● 被专制政体"圈养"的社会民主派

英国与法国的政治事务已经在某种程度上实现稳定。德国则尚未解决如何在这个国家里安置新兴的工人阶级。

战争催生俄国革命

马克思号召全世界劳动者联合起来。他本人在1864年协助组建了国际工人联合会,史称"第一国际"。在社会主义者与无政府主义者的争论中,这个组织分崩离析。"第二国际"于1889年创立。来自欧洲各个国家的代表和其他一些欧洲之外的成员定期聚集举行会议。他们讨论社会主义者如何应对战争,使工人不会为了老板的利益而被屠杀。他们的选项包括:议会中的社会主义者拒绝因战争而为财政投票,以及大罢工,还有破坏战争的效用。来自俄罗斯的共产党领导人列宁有不同的看法。经济上落后的俄罗斯,工业化程度很低,所以不能依靠工人的广泛支持来制止战争。相反他表示,战争产生的需求会削弱政府,这将使坚定的工人群体有机会进行革命并摧毁资本主义。

俄罗斯被专制统治者沙皇统治。1905年,沙皇尼古拉二世(Nicholas Ⅱ)被迫允许议会——被称作杜马(Duma)——开始运作,但杜马并不控制政府。

沙皇尼古拉二世和他的大臣急于赶上西欧,所以俄罗斯的有限工业化得到政府的鼓励。新的重工业集中在像圣彼得堡和莫斯科这样的大城市。重工业和产业工人集中在首都并不是西欧通常的工业化模式。而这使得沙皇更加脆弱。

当列强于1914年8月开战时,俄罗斯站在法国和英国一边,对抗德国和奥地利。随后在战争对人力物力提出的巨大需求下,它成为第一次世界大战的压力下第一个崩溃的国家。早在1917年,圣彼得

图9-5 列宁对士兵和工人讲话。

堡和莫斯科的工厂就出现了罢工，士兵纷纷起义。工人和士兵组成了议会——或苏维埃——并将权力掌握在自己手中。沙皇退位，组建了一个临时政府，并计划举行立宪会议选举，以制定宪法。这个政府打算继续战争，但是自他们执政以来，叛变和逃亡迅速增加。农民扔掉他们的武器回家了。

共产党人的机会现在降临了。列宁拥有一个规模不大但结构紧密的组织，准备夺取政权，让俄罗斯退出战争。在这次共产主义运动中，服从列宁的那部分被称为布尔什维克（Bolsheviks，多数）。孟什维克（Mensheviks，少数）想与其他改革派合作，主张不要急于革命。布尔什维克掌握了工兵代表苏维埃，1917年11月，列宁组织了一场几乎不流血的革命，推翻了临时政府。流血事件在革命后才发生。布尔什维克关闭制宪会议，赋予自己独大的权力，无偿没收企业和财产。但列宁的口号确实深得人心——和平、面包和土地——这意味着战争将会结束，食品更加丰富，你还能拥有农田。尽管共产主义者反对私有制，农民还是暂时拥有了自己的土地。虽然马克思教导共产主义革命会首先在先进资本主义国家发生,落后国家根本没有准备好,俄国还是试行了共产主义。列宁是对的:战争的压力,虽然并不是马克思理论的一部分,却为革命者提供了机会。

俄国革命是世界史上一次重大事件,因为现在出现了一个以工人名义由共产党统治的大国。他们在根据马克思主义理论最不可能成功的地方获得突破。

列宁明白在一个落后农业国建设共产主义并不容易,他希望俄国革命能够成为在欧洲各处点燃革命的诱因,从而摧毁资本主义,让各地工人建立共产主义。各地激进的工人都从第一个工人国家的建立中获得了动力,并希望效仿。他们在德国获得了短暂的成功。这也是因为第一次世界大战,更确切地说是因为德国的战败。

这场战争为共产党人提供了机会——并带来了惨烈的反应。我们现在将要检视它的缘起。

第十章
两次世界大战

俾斯麦打着如意算盘

当俾斯麦塑造了德国之后，他的战争冒险就此终结；他希望能在欧洲保持和平。欧洲当时有五大强国，而他的目标始终是结成一个三国联盟。

新的德意志帝国比今日的德国更加幅员辽阔。在两次世界大战中战败后，德国的东部领土大幅度缩小。过去普鲁士的东部现在是波兰的疆域。

与德国类似，意大利也是在不久前刚刚统一，而它走向统一的模式与德国也何其相似乃尔。在 1848

年革命推翻专制统治后，一个为了整个意大利的民主共和国在罗马宣告成立。这个共和国很快就被镇压。随后北部皮埃蒙特王国的首相加富尔通过卓越的外交手段与实力，将意大利统一在一起。他的国王，维托里奥·伊曼纽尔二世（Victor Emanuel），成为意大利的国王。最后一个被纳入这个新国家领土的是教皇国，当时仍然实质领有横越半岛中心地带的一大片土地。1848年革命之后，法国皇帝拿破仑三世派出军队来保护教皇。1870年拿破仑三世被普鲁士击败后，意大利就有能力占有罗马了。

在德国、意大利这两个新兴国家的东面是俄罗斯和奥地利这两个仍在扩张的帝国，其经济落后于西欧。而且这两个帝国的多民族社会包括了那些现在将自己视为受压迫民族的社群。匈牙利的马扎尔人（Magyars）一直对奥地利构成巨大威胁，以至于奥地利于1867年同意以奥匈帝国的名义与他们共享君权。

在欧洲还有第三个多民族帝国，即建都于伊斯坦布尔（以前的君士坦丁堡）的奥斯曼土耳其帝国。这个帝国已经处于衰退中，而这为巴尔干地区的人民创造自己的国家提供了机会。这是一个危险的进程。土耳其承认他们拥有各自分离的权利,但仍然想要在某种程度上控制他们。奥地利和俄罗斯欢迎土耳其帝国的解体,但也不希望新的国家过于独立,因为他们在这个地区也有自己的利益。俄罗斯希望在欧洲取代土耳其的地位,由此它就能从黑海穿过伊斯坦布尔那里的海峡直入地中海。在北欧输给普鲁士的奥地利,不想在东南欧再输给俄罗斯。所以这里成了欧洲的火药桶,冲突时刻不断。土耳其持续的衰落给了民族主义者希望,在之前土耳其统治的领土上成立新的国家又会给那些仍处于奥地利或俄罗斯统治下的民族带来希望。民族解放的力量与列强的战略利益存在冲突。而且那些新建的国家与即将独立的国家之间又多有纷争,因为人民混居在各自的土地上,对同一片领土往往也存在多个声称拥有权利的政权。

当时的五大列强是英国、法国、德国、奥地利和俄罗斯。意大利想要成为第六强国,虽然它也是盟国体系中的一员,却没有太大分量。对于俾斯麦来说,德国的最佳盟友是俄国与奥地利,与德国一样它们也都由皇帝统治。法兰西共和国在 1870 年被普鲁士击败后，就再也不可能成为德国的盟国。德国在战后占领了法国的东部省份阿尔萨斯（Alsace）和洛林（Lorraine），使得法国积郁了深厚的复仇情绪。这两个省份大部分人说德语，而且德国军方希望借此使德国疆域横跨莱茵河两岸。英国对于欧洲倾向于孤立主义的立场，它的利益主要分布在海外，不过它的既定政策就是不让一个强国主宰欧洲大陆。

俄罗斯与奥地利能够让俾斯麦组成他的三国联盟，但维持这两个国家处于盟国状态是非常困难的，因为它们在巴尔干地区有矛盾冲突。别无选择的俾斯麦必须涉足巴尔干事务，以保持与另两个帝国的盟友关系。如果德国在巴尔干地区的争端中过于倾向奥地利，俄罗斯则可能去和法国结盟。那么俾斯麦的噩梦将会成真：如果战争爆发，德国必须在两线作战。没有人能够比俾斯麦更好地处理这个犹如杂技的局面，直到卸任之前他都勉强维护住了他的这个联盟体系。

德国策动战争

威廉二世和他的首相不再与俄罗斯和奥地利同时保持盟友关系。他们治下的德国全心支持奥地利,结果必然是:1893年,俄罗斯与法国结盟。随后,1904年,英国与法国也达成谅解(协议)。该协议的细节是关于解决他们在欧洲以外的领土争端。协议中并没有在欧洲发生战争时帮助法国的承诺,但由于法国是英国自古以来的敌人,这个新的联盟意义重大。德国和奥地利现在成了五国中的两国。把意大利拉来他们这边并没有什么帮助(而且在第一次世界大战期间它改变了阵营)。

威廉二世和他的大臣对德国的实力充满信心,失去俄罗斯这个盟友并不对他们产生困扰。说德语的奥地利人与德国人更加容易相处,而且他们把俄国人看作来自东方的野蛮的斯拉夫人——俾斯麦不会在意这一点,他为了保障一个由普鲁士操控的统一的德国,不惜与奥地利开战。但是现在德国确实不得不准备在两个战线上进行战争。他们的计划包括对法国的一次速战速决的打击,然后把德国的全部力量转向俄罗斯。

普鲁士以及之后的德国掌握了迅速进行动员和调动军力的后勤能力:使用铁路运送部队,并通过电报来监控并指挥他们。1870年,普鲁士在短短六个月内就击败了法国;下一场战争计划只用六个星期来完成这项任务。其他大国遵循德国的榜样,制订了快速动员的计划;他们都已经枕戈待旦。

德国并不满足于成为欧洲陆地上的强国,他们继续要建立一支强大的海军。这个计划是皇帝本人的宠儿,他无法忍受英国在这个领域独领风骚。无论对整个大英帝国还是对英国本身的存亡而言,海权都是至关紧要的一环,因为它不能生产足够的粮食来养活自己。德国的造船计划引起英国的警觉,并使英国同样启动自己的计划来反超德国。一场海上军备竞赛开始了,两个国家的人民轮番欢欣雀跃或是紧张不已。对于这种民族主义情感,报纸和政客不断煽风点火,成为国防计划一个新的影响因素。当时在政府担任大臣的温斯顿·丘吉尔(Winston Churchill)曾经写道:在某个时刻海军要求新建六艘战舰,经济学家们则说只能承担四艘——"最后我们妥协后的数字是八艘"。

人们普遍认为战争必然爆发,几乎在欢迎战争的到来。有关种族优越性和适者生存的新思路使得战争似乎成了对国家的适当考验。你能想到的只是战争会短暂而迅速地进行——而当时几乎人人都这么想。

德国在当时列强中是一个令人不安的因素。随着其经济增长,它必然寻求更大的影响力,而在1914年7月,它的军队统帅们为了打赢一场欧洲的全面战争而孤注一掷。他们抓住的机会是在巴尔干的一次危机。奥匈帝国王储弗兰茨·斐迪南大公访问帝国南部的波斯尼亚地区时,一名塞尔维亚民族主义者刺杀了他。很多被塞尔维亚的各种思潮鼓励而要反抗奥地利的塞尔维亚人都视波斯尼亚为家乡。塞尔维亚本身是在奥地利的帮助下从土耳其独立出来,但现在奥地利将塞尔维亚看作一股颠覆力量。在奥地利的威胁下,塞尔维亚向俄罗斯寻求保护。

奥地利政府视塞尔维亚为暗杀事件的负责者,他们知道如果对塞尔维亚过度强硬,可能会挑起与俄国的战争。德国鼓励奥地利采取强硬手段,而且他们的皇帝亲自承诺支持奥地利采取任何行动。奥地利因此向塞尔维亚提出了刻意的强硬通牒，以至于塞尔维亚必须拒绝，从而给了奥地利宣战的条件。此时其他强国也察觉俄国支持下的塞尔维亚拒绝奥地利将会带来的危险，包括俄罗斯在内的各个国家纷纷寻找避免战争的可能办法。德国假装自己与奥地利对塞尔维亚的强硬态度并无关系，同时阻挠所有和平调解的企图。德国的军事统帅们希望俄罗斯接受挑衅与奥地利开战，他们希望在俄罗斯改善其军事能力的计划完成前就与俄国开战。如果俄国变得太强，对德国来说就无法在两线都打赢这场战争。皇帝并不想让战争扩大化，但在首相和军队面前他已经靠边站。

时任德国参谋总长的毛奇(Moltke)急于开战，他需要在俄罗斯完成动员之前打败法国。但很重要的一点是需要俄罗斯首先开始行动，而不是让德国担上侵略者的角色。社会民主党之前一直反对战争，他们谴责了奥地利对塞尔维亚的强硬手段，但如果俄国首先动手的话他们也会支持一场自卫战争。俄罗斯确实针对奥地利开始行动了，德国军方对此十分高兴,因为此时德国可以对俄宣战。德国宣布在这场由柏林打造的战争中俄罗斯成了侵略者。法国此时也进行动员,以针对德国进行自卫。

六星期征服法国的计划被付诸实践。这需要德国军队穿越比利时,从北部进入法国。他们应当向南沿弧线进军以包围巴黎,然后向东从后背夹攻正在法德边境抵御德军的法国军队。德国要求比利时允许他们的军队通过,而比利时拒绝了。尽管比利时是中立国,而且德国也是其中立地位的保证国之一,但德军还是进入了比利时。这样的粗暴行径在英国引起广泛愤慨。之前英国并不确定是否会参战,但比利时的事态使英国下定决心。

威廉二世在一次帝国国会的演讲中撒下弥天大谎,声称德国已穷尽一切手段避免战争。社会民主党的议员尽管可能并不相信他,但他们仍然与其他人一起投票,一致通过了第一笔战争财政预算。他们确实相信如果俄罗斯战胜,情况会变得更糟。在每一个议会里有社会主义者议席的国家,他们都投票支持了战争。民族主义获胜了。工人们最终还是必须互相残杀。

德国自食其果

德国入侵法国的计划失败了。计划中横扫法国的军力不够强大,军队穿过法国的土地前进到巴黎北面,但无法包围它,而法军与英军能够从侧面攻击他们。各方很快就陷入僵局;在横穿比利时和法国北部直到中立国瑞士的一系列战壕两侧,各路敌军你来我往。整整三年中,尽管有数百万人为攻击对方阵线而丧命,但这条战线几乎就没有移动过。防守一方拥有优势。人从战壕中刚刚爬出来,就会被其他战壕的机枪火力击中,同时炮弹不断从空中坠落。铁丝网还阻拦着他们冲锋的路线。这已经成为自杀性任务。只有到了战争的最后一年,英国的一项发明——坦克——才给予攻击者一定的保护。

只有在这场向杀人机器输送人力与金属的竞赛中持续得最久的一方,才能取得战争的胜利。国家的整体经济被组织起来以满足战争供应,全体人民也被迫去作战或做工,并被迫去相信那些原因与借口。这是全面战争。

图 10-1　全面战争：
第一次世界大战中英
国的女性军备工人。

　　英国海军对德国进行封锁，阻止海外货物运往
德国。德国海军派出被称为"U艇"的潜艇，以击沉
向英国提供货物尤其是食物的船只。这样的潜艇战
必须谨慎行事。美国当时仍然保持中立，如果德国
击沉它的船只，那么就有可能使其参战。到了1917
年2月，德国不顾一切想要打破战争的僵局，下令进
行无限制潜艇战。它知道这将使美国参战——它确
实在1917年4月宣战——但是在美国军队到达欧洲
之前，在德国的计划中英国就会因为饥饿而战败。
皇帝和他的首相对这个决定是怀疑的，但军方现在

图 10-2 德国激怒了美国:从纽约开往利物浦,载有美国公民和军火的卢西塔尼亚号邮轮被击沉。

已经掌握实权。兴登堡(Hindenburg)将军和鲁登道夫(Ludendorff)将军成为实质上的德国政府。后来他们和希特勒进行了密切交易。1923 年,鲁登道夫在一次失败的政变中支持希特勒。兴登堡于 1933年任命希特勒为总理。

随后德国的好运来了。革命在俄国爆发,沙皇尼古拉二世退位。新政府计划继续参战,但是德国人知道俄共领导人列宁反对这场战争。此时他流亡瑞士。在德国政府组织下,他乘坐一列加封列车穿过德国,得以回到俄罗斯。由此列宁做到了德国希望的事——使俄罗斯退出战争。这是战争推动下的绝望手段。德国将领的统治对共产主义的第一个胜利堪称厥功至伟，如果我们假设，没有列宁的回归，布尔什维克党人很可能无法赢得权力。

为了让俄罗斯退出战争，列宁必须接受德国提出的非常苛刻的条件，其中包括从俄罗斯西部割裂出去大片土地。现在德国能够在西线集中其全部战力了。1918年初，它进行了最后一次攻击，压迫法国和英国的阵线后退，但并没有击破对方。此后，英法在美军帮助下进行了反击，而美军无论在人数还是参战时间上都大大超乎德国人的预料。德国人此时已经在全面撤退。到了8月，德国将领们明白，这场战争他们已经失败。

美国总统威尔逊（Wilson）引领他的国家参战的过程十分艰难。美国长期以来的一个深厚传统是远离欧洲的那些纠缠与战争。为了让美国人更容易支持参战，总统宣称这将不是一场征服和复仇的战争；这场战争将使世界"安全地走向民主"。被压迫的各个民族成为独立国家将会保证未来的和平；国与国之间的秘密条约将终止；而且会有一个新的世界组织来解决争端。威尔逊的和平原则被列入其"十四点主张"（Fourteen Points）。

当战败迫在眉睫，德国将领们认为与威尔逊商讨和平会比较好，而不是与英国和法国，因为它们已经为复仇而扭曲。军方正确地意识到，威尔逊并不想与将领们统管的德国打交道，他们告诉威廉二世，他现在应该引入正常的议会制政府，让总理和部长们向帝国国会负责。也就是说，自 1848 年以来自由派人士未能实现的目标，现在在军方高层指令下被塑造出来了。威尔逊并没有完全被突如其来的变化所说服；他认为"军方将领和君主专制主义者"仍然在掌控之中。威尔逊想要皇帝下台，此时皇帝拒绝了。

在自上而下的革命之后出现了一次自下而上的革命威胁。现在很明显战争已经失败，德国水手和士兵发生了兵变，工人们进行罢工。他们组成了带有各种各样要求的委员会，但他们都希望战争结束，皇帝下台。组织这些委员会的样板都是俄罗斯的各个苏维埃，俄罗斯成为那些想利用组织发动工人革命的社会主义者的典范。与此同时，其他人都对布尔什维克主义感到害怕。它打击的对象不仅是有产者，还包括了其他支持改革者和社会主义政党——

那些类似德国社会民主党的政党。阻止俄罗斯共产主义的蔓延,此后仍然是希特勒最重要的一张牌。然而,从俄罗斯的布尔什维克统治中他也学到,当他们抛弃对权力滥用的一切阻碍时,革命运动能够实现什么样的事情。

威廉二世的最后一位首相相信,为防止革命爆发,有两件事势在必行:皇帝必须退位,社会民主党人必须执政。于是皇帝流亡,社会民主党领袖弗里德里希·艾伯特(Friedrich Ebert)出任总理。艾伯特仍然致力于社会主义,但他希望通过正常的议会手段来实现这一目标,而不是依靠可能走向恐怖和内战的革命,在革命中他和他的同僚可能成为受害者。那些革命的社会主义者向他提出,如果庞大的工业联合体、军队、公务员和法官体制仍然像以前一样,那么一个新的民主的德国就不会那么成功。但是艾伯特永远不会对旧体制使用武力。

艾伯特在一段时间内必须取悦工人委员会,并与他们一起管治国家,但是在战后的混乱中,当社会主义者中的革命派在不同的地方数次宣称成立社会主义共和国时,艾伯特坚决地镇压了他们。军方向他提供了充分的合作,许多工人由此丧生。当士兵不愿开枪时,军队和来自社会民主党的国防部长组织了被称为"自由军团"的非正式部队,由热衷于镇压革命的军官和前军人组成。他们宛如复仇般执行了这项任务。

革命派社会主义者及其追随者永远无法原谅艾伯特和社会民主党此次对社会主义事业的背叛。他们自行组建了共产党,成为俄国之外最大的共产党组织,与全球各地的共产党一样,他们也听命于莫斯

图10-3 自由军团将要处决一名革命派社会主义者。

科。共产党在国会赢得了广泛的代表席位,但这除了使来自俄国的共产主义威胁更加真实而迫切之外,什么都没有实现。

与此同时,各个战胜国在巴黎举行会议,以商定和平条约。他们尽可能地为东欧的新兴国家划定了边界,但这并不能保证和平,因为各个种族混居一处,国家独立与单一民族之间的矛盾无法调和。此次和会建立了国际联盟,但从创立伊始它就是残缺的,因为美国参议院拒绝让美国加入这个组织。威尔逊总统必须在德国问题上有所妥协:和平的代价极为苛刻。德国东部的领土被分割出去以重建波兰;而在西部它又失去了阿尔萨斯与洛林;在莱茵河德国一侧纵深五十公里范围内不得驻军或布设军事设施。德国的自卫军力无论在人数上还是军备上都被严格限定。它不得拥有空军。为弥补战争造成的破坏,德国必须支付巨额赔款。和约明确宣布德国犯有发动战争的罪行。

德国并未出席和会,这些条款被呈交至其政府,并被告知他们必须签署。这些条款引发了全国的愤慨情绪。令他们沮丧的是,在迷失与挫败感之外,现在又加上一重永恒的罪恶感。诚然,如果德国取胜,它对手下败将可能会更加苛刻,而且它确实在很大程度上要为战争爆发而负责,但如此对待德国使得这次和会播下了下一场战争的种子。德国无法忍受如此限制与羞辱,它会通过各种方式来矫正这种局面。

在战争之前,德国的工人阶级运动规模庞大,但是影响微弱。他们尚不清楚在国家机器中何处容身。战败十二个月后这个问题有了答案。社会民主党人被推上权位,用来杀死那些选择了革命的社会主义者,并为国家蒙受的屈辱承担责任。尽管他们做了这些肮脏的工作,却并未从社会中上层或者从军方收到任何谢意。事实上社会民主党人被指责是他们造成了德国的战败。兴登堡创造了政客对军方"刀刺在背"的传说。这种说法有一定合理性,因为在结束敌对行为时,德军仍占领着法国和比利时领土并未溃败。兴登堡和鲁登道夫确信如此,但其实是他们想让战争在彼时结束,因为他们恐惧如果英法进军德国,革命就将爆发。但"刀刺在背"传说就此生根,它成了希特勒最有力的言论武器之一。他将社会民主党人称作"十一月罪人"。

魏玛宪法脆弱不堪

德国宪法在1918年10月被匆匆修改,以取悦威尔逊总统。民选的立宪会议于1919年1月诞生,为新共和国制定完整的宪法。为了避免被罢工与可能发生的社会主义革命的企图所困扰,议会并没有在柏林召开,而是在魏玛这个小城市举行。新宪法和共和国便以这座城市为名。这个新生的民主共和国在建国之前就处于社会主义革命的威胁之下,因此它具有一个不同寻常的特征:每七年由公民(包含男性与女性)选举产生的总统,在发生混乱时为了保护共和国,可以中止对基本人权的保障,并可以使用武力。立宪会议任命社会民主党领袖艾伯特为第一任总统。他曾数次使用这种紧急权力。通常情况下,总统需要获得国会多数支持,由总统任命的总理负责运作政府。

任何新政权的合法性都来之不易。而魏玛共和国在这方面有巨大的劣势,因为它与国家的失败和屈辱联系在一起。此外,从一开始共和制的敌人在国会内就声势壮大。与会各方并未达成共识，认识到这部宪法应当行之有效，并能够约束所有人。在国会中左派是共产党，他们公开提倡革命，建立苏维埃德国，并接受来自此时已经名为苏联的俄国的命令。右派是保守的和民族主义的政党，想要重建帝制，遏制民主，并推翻《凡尔赛条约》(Versailles Treaty)所施加的限制。在中间地带则是社会民主党、中央党(由天主教徒支持)和民主党，一个自由派中产阶级政党。

魏玛共和国成立两年后，德国社会因高通货膨胀而陷入混乱，物价飞涨使货币变得毫无价值。如果你有负债，你的债务随时都可以还清。但如果你存钱，像中产阶级那样，就会倾家荡产。政府不得不印制越来越多的钱，而你需要一个手提箱或独轮车才能把你的钱带到商店。十二个月后，政府通过推行新的货币来稳定局势，但是那些关于社会失控，值得尊敬的人们倾家荡产的记忆依然存在。当下一次危机来临，中产阶级会更愿意支持极端手段。

没有任何一个政党能够在国会获得多数席位。历任政府都必须联合执政；总理们不得不尽量组成

图10-4　通货膨胀下的德国货币,作为燃料更有价值。

联盟以获得多数,而随着脆弱的联盟破裂,政府也经常垮台。党派对立向来不是体面事,一个由议会多数党组建的有力政府始终有其吸引力。魏玛时代的德国人从来没有这样的经历。对希特勒而言,谴责共和国持续不断的分歧和争执更是轻而易举。

　　作为战前最大的政党,社会民主党被认为最有可能在国会获得多数席位,但是由于俄国的共产党统治以及德国遭受的共产主义威胁再度引发对社会主义的恐惧,社会民主党的努力被阻挠了。尽管对共和国做出了承诺,但他们并未放弃马克思,这意味着他们不会在工人阶级之外取得进展。他们在工人阶级中的很大一部分支持者现在转向了共产党,共产党谴责社会民主党是资本主义的走狗,拒绝与之合作。社会民主党与共产党都反对纳粹主义,但因为双方的分歧,他们更加不可能阻止希特勒。

在 1925 年艾伯特去世后举行的总统选举中,共产党人推举了自己毫无胜算的候选人,而不是支持中间派与社会民主党议定的候选人,从而使得右翼候选人赢得选举:兴登堡,这位专制的保守派将领将德国的战败归罪于政客,等到 1933 年,他将任命希特勒为总理。

希特勒登堂入室

20 世纪 20 年代的大部分时间里,希特勒的党派都处于边缘地位。它被命名为国社党(National Socialist Party),社是社会主义的"社",因为他想以此吸引工人,但是国家的"国"标志着它并非执行马克思主义社会主义的国际路线。马克思宣称工人无祖国,工人应当首先忠于他们的阶级,并且通过阶级斗争瓦解自己的国家,这样的思想令希特勒无比愤怒。他的党纲中社会主义内容不断被淡化,而那些想要认真对待此方面内容的人要么被排挤,要么在希特勒出任总理后被杀害。希特勒不想反对大财团,他们将承担重新武装德国的任务。但他想让工人都有工作,能够在更好的住房里舒适生活,并享有更多的假期,虽然他们不得组织工会。在他的计划下诞生了大众汽车,人民的汽车,在希特勒时代人民从未享有这些汽车,生产出来的车辆都被投入军用。

他的党纲极度偏重于民族主义一面而非社会主义。希特勒想要终结党派对立,创造一个由他领导的统一的德国,使它足够强大,能够推翻《凡尔赛条约》中那些之前被懦弱的政客们揽下的枷锁,并为日耳曼民族向东扩张"生存空间",那些空间此时被波兰人、乌克兰人和俄国人之类"劣等"斯拉夫人占据。帝国内部的敌人应当被消灭,比方说马克思主义者,包括社会主义者和共产主义者,以及最重要的敌人:犹太人。希特勒相信存在着一个世界性的犹太人阴谋,以贬损作为文明载体的"高等"种族。马克思是个犹太人,俄国的部分布尔什维克领袖也是犹太人,所以布尔什维克运动成为"犹太布尔什维克运动"。希特勒认为犹太人应当为第一次世界大战负责，并且热衷于设想使用毒气处决所有犹太人，能够避免多少苦难的发生。

在欧洲，对犹太人的偏见由来已久，他们被视作杀死基督的凶手。但是，随着19世纪的种族思潮进一步强化，反犹主义者开始认为犹太人是直接危害其种族健康的潜在威胁。"高等"种族如果与犹太人通婚，会使他们在生存斗争中不再具有优势。这类思想四处传播，而不仅限于德国。它们甚至被以"科学"的名义来辩护。希特勒对于此类所谓的危险是不同寻常地偏执，所以他为了寻求解决方案，采用了绝不人道的手段。

希特勒并非纳粹党（Nazi Party）的创始人。1919年1月，当时名为德国工人党的这个组织在德国南部慕尼黑成立。几个月后，希特勒首次参加了他们的会议，他惊讶地发现，尽管该党反对议会民主制，但它的决定仍然需要投票表决。他很快就给他们展示了不同的一面。他成为不容置疑的领袖，党的委员会被废除，并规定该党的纲领永远不会再被讨论。

图10-5　阿道夫·希特勒:话术大师。

由于他作为演说家的非凡才能,这一权力落到了他身上。他可以代入、说服、刺激并激励他的听众。这名在战争前曾是辍学生和流浪汉的退伍军人发现了自己的专长。他的能力使得这个微不足道的党派在慕尼黑的政治生活中成为一个举足轻重的角色,并为希特勒赢得了一些有影响力人物的支持。

　　1923年,凭借着当地部队提供的一些协助,再加上鲁登道夫将军撑腰,希特勒计划与其追随者一起向柏林进军,并试图推翻政府。这是模仿墨索里尼的"向罗马进军",这一进军使墨索里尼于1922年成为意大利的独裁者。墨索里尼的运动得名于在古罗马作为权威象征的扎成束的棍棒（法西斯〔Fasces〕）。法西斯分子的目的是革除社会分歧，尤其是工人造成的阶级对立，在强人或独裁者的控制下强化国家实力。

希特勒景仰墨索里尼的法西斯主义，但他试图模仿墨索里尼夺取政权的行动变成了一场可怕的失败；仅仅凭借警察就足以遏止这次行动。经过一阵短暂的交火，四名警员和十四名希特勒的支持者丧生。希特勒接受审判并被控叛国罪，而像在魏玛共和国的动荡时期其他的右翼民族主义叛乱分子那样，他的刑罚相当之轻——有期徒刑五年——因为他的行为被认为是出于爱国。那时社会主义和共产党的叛乱分子通常得不到审判就被枪杀。令人反感的是，鲁登道夫被宣判无罪。

希特勒被关押的地点并不是监狱，而是一座用于监禁政治犯的舒适古堡。他有闲暇来阅读、思考和写作。于是他写了一本篇幅冗长的书，标题是《我的奋斗》(Mein Kampf; My Struggle)，他领导的运动将此书奉为"圣经"。这本书是个大杂烩，包含了他自己过去的生涯,他的政治观点,以及种族斗争的历史与未来。书中的观点没有一个是原创的,原始的段落中记录了他对改变人群观念的方法的有关发现,他称之为"群众提议"与"群众效应"。讲演是极为有效的,印刷品作为媒介则不够感染力。讲道理是没用的,你将面对已经根深蒂固的观念与习惯,而你必须压倒它们。你的意志必须战胜那些各自为政的个人意志。集会的时机和设计至关重要:夜晚比白天好,有些会堂会有效果而有些地方不行。在那以后,希特勒告别了慕尼黑的啤酒馆,他主持的大型户外集会都是精心筹备与编排的。他了解为什么这些活动会奏效:孤立、迷茫的个人成为一个更大集体的一部分,而这个集体处于亢奋中。

在书中希特勒吹嘘他成功击败了前来扰乱他的集会的共产党人。他相信为运动寻求警方保护是个错误,重要的是展示运动能够自主运作。这就是希特勒手下暴徒的起源,那些人穿着褐色衬衫,在会议和大街上炫耀力量,成为一支庞大的私人军队。他鄙视那些憎恨共产主义者,却不知如何应对的中产阶级:"只能以恐怖打破恐怖"。

希特勒只被监禁了不到一年。他宣称他将不再使用非法手段,他的运动将透过合宪的途径争取权力。但他也毫不隐讳,如果他拥有了权力,那么他们的宪法也将不同以往,不再有不同党派竞争权力,而只有一个党派、一个元首,也就是他自己,来掌管权力。在通向权力的路上他也毫不吝惜地炫耀暴力:他的冲锋队总是蠢蠢欲动。为了表示暴力是他的要素,希特勒一直随身携带着一条狗鞭子。

纳粹党吸引了各个阶级的支持者:工人、职员、小店主、学生、农民、中产阶级以及上层人士。其他政党代表的是一个阶级、一种信仰或一个地区,只有纳粹党的支持者遍布全民族,并由此不断壮大,因为其他党派都做不到这点。希特勒并没有把纳粹党当作政党来运作,而是视为一场活跃的民族运动,掌管国家是这场运动宣扬的目标。党内多种多样的成员具有同等的地位,在一个仍然很介意等级地位的社会中,这是一种新颖的实践。对于党员来说,他们对国家的热爱,他们作为高人一等的雅利安人的成员资格,以及他们对元首的效忠,都是一视同仁的,在党的宣传中,就算是元首,也只是一个普通人。

纳粹党建立独裁统治

　　如果大萧条没有发生,或者对德国的影响没有那么严重,那几乎可以确定纳粹党仍然不会获得那么大的影响力。到了 1930 年,大萧条的第二年,政府(一如既往地也是联合执政)垮台。政府内的社会民主党成员拒绝支持降低失业救济金的政策,此时有数百万人依靠这份救济金维生。这样坚持原则的立场带来了灾难性后果。在随后的一次选举中,纳粹党的得票率大幅上升,从上次选举的 2.6% 上升到 18.3%。在大萧条的影响最为沉重的时候,1932 年举行的又一次选举中,他们获得了 37.3% 的选票,成为德国国会中最大的党派。纳粹的得票首先是以牺牲右翼民族主义者为代价的,然后是居中的中产阶级政党。工人阶级政党、社会民主党和共产党的捆绑表决得到了很好的结果,他们的追随者没有被希特勒引诱。但在 1932 年,还是有大约四分之一的工人投票给他。这些人主要来自小城镇和乡村。希特勒得到的支持是跨越阶级的。

从 1930 年起,兴登堡总统运用他的紧急权力来支撑历届政府,因为没有一个政府能够在国会获得多数支持。社会民主党不会支持削减社会保障;共产党和纳粹党只支持自己。总统和他周围的人开始想办法建立专制政府,使其能够不依赖国会,采取必要的严厉措施以应对经济危机,并防止失业者起来造反,共产党人已经在积极组织那些失业群众。大地主、军队和部分大企业的人士都在敦促总统限制或取消民主制。

如果纳粹党与其他右翼民族主义政党联合执政,可以在国会形成多数派的基础,但是希特勒坚持不参与任何政府,除非是他作为总理的政府。他已经将自己提拔为民族领袖,他不会也无法成为区区一个部长或者副职。兴登堡曾经发誓他永远不会让这么一个缺乏宽容心的人成为总理。但是到后来,希特勒能够为那个专制政府带来的广泛支持无法被忽视。为了约束希特勒成为总理可能带来的危险,只有三名纳粹党成员被允许出任他的政府部长,其他位置将由来自别的民族主义党派的人员填补,以约束希特勒。这是何等的误算啊!纳粹党徒冷酷无情地运用他们到手的权力,而希特勒很快就更加广受支持,老派政客纷纷被边缘化。兴登堡总统本人仍然是某种约束性力量。当他在 1934 年去世后,希特勒自任为总统并兼任总理。

透过看似合法的形式,纳粹党建立了独裁统治。他们计划让国会通过一项法律,允许政府自己制定法律——从而使国会无效化。这样的宪法修正需要国会内三分之二的支持率。在上任时希特勒就要求总统提前举行国会选举并获得了批准,这样纳粹党就能扩充他们的国会议员名额。就在投票日之前,一名荷兰共产党人在国会大楼纵火。希特勒宣称这是共产主义夺权企图的开始,并说服总统动用其紧急权力中止公民权利和政治自由。共产党被取缔,共产党员被带往集中营。即便如此,纳粹也没有获得多数选票——他们在国会选举的得票率是 43.9%。他们需要各个民族主义政党和中央党(Centre Party)的支持来使他们的《授权法》(*Enabling Bill*)得以通过。天主教中央党在选举中的得票曾经阻挠了纳粹的进一步推进,他们在得到关于教会独立的口头保证后,不情愿地支持了法案,这项口头保证后来并不曾奏效。只有社会民主党勇敢地投了反对票。共产党的代表们要么已经被逮捕，要么已经逃走。投票过程中，冲锋队员围着大厅站成一圈以恐吓议员。政府利用它得到的新权力，首先查禁了社会民主党，随后是其他所有政党。只有纳粹党能够合法存在。

对马克思主义政党的清算被迅速执行。毕竟这是那些促成这一专制政府的人士所希望的。

针对犹太人，作为希特勒执着的目标，纳粹政府的行动更加谨慎。冲锋队自作主张的行动导致他们被限制活动。对犹太人商业活动的抵制吓到很多人，并引发了经济混乱，最后只能叫停。1935年，通过了新的法律，剥夺了犹太人的公民权，并禁止他们与日耳曼人通婚或发生性关系。1938年，纳粹向支持者发出信号，号召他们去攻击犹太人的商店、产业与会堂。这就是"水晶之夜"（Crystal Night），这一晚到处都是打碎的玻璃。犹太人第一次因为其犹太身份被送进集中营，而不是根据他们参与的政治组织。然后又是回到"合法性"的一步，颁布了剥夺犹太人财产的法律，并禁止他们进入公共场所，将他们的孩子赶出学校。犹太人移民出国受到了鼓励。此时尚未决定采用何种方式彻底灭绝他们。

上台后短短几年间，希特勒已经实现了推翻《凡尔赛条约》限制的承诺。他重新启动征兵制，并规划将军队规模扩大至《凡尔赛条约》所允许军力的五倍。他组建了空军。他派遣德军进入莱茵兰非军事区。英法不愿冒着战争风险来阻止他。他们不想重温第一次世界大战的恐怖，尤其在英国，存在着一种情绪，认为和平条约太过苛刻，应当允许德国有跟进发展的权利。这就是"绥靖政策"：在合理范围内纵容德国，这样希特勒就会停止侵略。或者用英国最激烈反对绥靖的温斯顿·丘吉尔的话来说，就是"绥靖者就是喂鳄鱼的人——希望鳄鱼最后才来吃他"。

德国再度成为战争推手

在说德语的奥地利，该国的纳粹党主张德奥合并，得到了相当有力的支持。《凡尔赛条约》在前奥匈帝国的领土上分割出若干个新国家，为说德语的人只留下了一个大不如前的奥地利。但是条约又禁止他们与德国合并。希特勒下定决心要将奥地利收入囊中。在当地纳粹党施压下,奥地利总理决定针对此问题举行公投。而在公投之前,希特勒就派兵进入奥地利,并在维也纳受到狂热欢迎——当他回到德国时亦是如此。

希特勒因为推翻《凡尔赛条约》规定的限制而受到的热烈欢迎,说明这些限制造成的屈辱是多么深刻。有些人已经准备忍受这些限制,直到时局好转;另外的人也曾希望能够立刻挑战这些限制。而现在突然这些限制都不复存在,全体日耳曼人,无论投票给希特勒与否,都为国家复兴成为大国而自豪地团结到一起。此后,当希特勒连连败退而不是捷报频传时,他也不再那么受人欢迎,但是他已经拥有了处理任何抵抗者的手段:他们要么被秘密警察盖世太保(Gestapo)消灭,要么消失在集中营里。

在捷克斯洛伐克和波兰这两个由《凡尔赛条约》创造的新国家里,都有日耳曼人社群存在,而希特勒宣称他们应当属于德国。法国和英国曾经承诺保护捷克斯洛伐克,但是当希特勒以战争作为要挟,想将捷克的日耳曼人并入他的帝国时,法国和英国就示弱了,并让捷克斯洛伐克作出退让。英国首相纳维尔·张伯伦(Neville Chamberlain)从德国回国时,因为他维护了和平,受到英雄般的欢迎。希特勒当时宣称他在欧洲不再有更多的领土主张,但是张伯伦加快了英国防务准备的进程。

当1939年9月希特勒入侵波兰时,英国和法国终于向德国宣战。为了确保他不会在两线作战,希特勒与共产主义的苏联,这个他所痛恨的犹太布尔什维克主义的"毒源",达成了一个互不侵犯协议。此次德国征服法国的计划奏效了,后者在五周内被一场闪电战(blitzkrieg; lightning war)击败,由地面上的坦克和空中的飞机掩护的部队迅速碾压了敌军。

此时只剩英国独自面对希特勒。入侵英国的方案已经成文,但首先德国必须取得制空权。不列颠之战由此发生,而英国飞行员们打赢了这场战役。此时已经是英国首相的丘吉尔曾经这样赞誉他们:"在人类战争历史上,从来没有这么少的人为这么多的人做出过这么大的贡献。"英国人不接受希特勒提出的条件,使他大惑不解,这条件使英国能够继续保留其殖民帝国,但要将欧洲留给德国去支配。他将其归罪于"犹太财阀统治"的影响。无法击败英国的希特勒转向东方去攻击苏联,这意味着他最终还是将在两线同时作战。这是基于过度自信的军力计算而造成的错误,但希特勒不会放任"犹太布尔什维克主义"在需要留给德国作为"生存空间"的土地上繁荣发展。希特勒将要摧毁俄罗斯的共产主义,这确实使他对英国统治阶层的部分人物很有吸引力,他们被希特勒所提供的条件所诱惑。当然,丘吉尔并非如此。

希特勒非常自信他能在五个月内击败俄国,因此他并不认为他会在两线作战。这是他非常严重的失算。在俄罗斯广袤的国土上,面对拥有庞大人力储备的对手时,闪电战就不是非常有效。斯大林使共产党夺取的这个落后国家完成了工业化,这意味着他的军队可以用坦克、飞机和大炮来与德国人一决高下。德军深入俄国内地,但俄国军队在连连败退之后,于 1943 年 2 月,在斯大林格勒包围并俘虏了一整部德国军队。当这场战役显然已经失败时,希特勒没有允许德军撤退或投降。从那时起,俄国人开始反攻。他们在两年多时间内就到达了柏林。

对希特勒来说,在东部的行动所包含的内容远远不仅是作战,他使其成为一场包括了大规模屠杀和奴役行为的十字军东征,从而让他的种族能够作为主人去占据那些属于斯拉夫人和犹太人的土地。犹太人起初被集中起来枪杀,但这一工作方式进度缓慢且令人不快,纳粹建造了宛如工厂般的杀人机器,将犹太人用毒气杀死后再焚化尸体。这个系统一经运作,所有纳粹占领地区的犹太人就在劫难逃。

图 10-6 达豪(Dachou)集中营的焚化炉。

即使在战况对希特勒不利，而他的资源严重受限的时候，搜查并运送犹太人的工作也在继续运作。对希特勒来说，消灭犹太人成为首要任务，这项任务对保障德国的未来至关紧要，在他看来，这个种族在上一场战争中的所作所为导致现在的这场战争，因此这也是这个种族应受的惩罚。总共大约有六百万犹太人死于这场大屠杀。纳粹并没有声张他们的行为，虽然他们认为这样的破坏是为了最好的结果。不过纳粹党内外成千上万的德国人都知道此事，因为他们是直接参与者。

希特勒对犹太人全球阴谋论的笃信也能解释他为何会犯下另一个军事"大错"。美国一开始并未参战，直到德国的盟国日本在 1941 年 12 月发动了对驻扎在夏威夷珍珠港的美国海军的攻击。罗斯福（Roosevelt）总统自然向日本宣战了，但鉴于美国国内反对介入欧洲冲突的强烈情绪，一开始他并未对德宣战。但希特勒立刻对美宣战，由此他成为世界上最强国家的敌人。在他采取如此行动的时候，他谴责罗斯福总统，称其受犹太人"彻底邪恶的阴险意图"所支持。为了打败犹太人，希特勒必须与美国作战。

罗斯福总统早就把希特勒统治下的德国看作是对美国的威胁,虽然他的大多数同胞并不这么认为。现在美国已经参战,罗斯福和丘吉尔同意先打败希特勒,并对日本人进行持久战。因此,1944年在德占法国登陆的大部分军力属于美国,并由美国人(德怀特·艾森豪威尔〔Dwight Eisenhower〕)指挥。

希特勒此时被两面夹攻。这场战争必败无疑,但他的军队仍然坚定地战斗到最后。美军从西面,苏军从东面进军,并于1945年4月在德国会师。苏军攻入柏林市中心,此时希特勒和他的同僚已经躲藏在一个地堡中。希特勒对他的战争给德国带来的破坏无动于衷。这是德国人民的过错,他们辜负了他,不值得活下去。他选择了自杀而不是被俘。

德国的纳粹党可以对应于某种普适于欧洲的模式——而他们又是独一无二的。在两场战争之间,民主制几乎在欧洲所有国家都失效,并被法西斯主义和专制政权取代。代议制政府,更不用说民主体制,都扎根不深,而在那些由《凡尔赛条约》创建的新国家里,民主制还尚待实现。但纳粹是一种更具爆炸性和破坏力的力量,他们控制了欧洲最强大的国家,一个有理由进行复仇的国家。而且他们是在希特勒的控制下,这是一个无以伦比的邪恶天才。这样一个人能够掌权是能够理解的;而他能够透过他的决心来消灭犹太人,这似乎就超越了理解力所能解释的范围,所以犹太人大屠杀仍然向我们挑战,使我们恐惧。

二战的中东欧效应

希特勒不仅没能消灭俄国的共产主义,他将红军引入了中欧。在俄国人从纳粹手中解放的土地上,他们扶持了共产主义政府:波兰、捷克斯洛伐克、匈牙利和巴尔干国家,只有希腊成了例外。德国被分割成共产主义的东部和民主资本主义的西部。1946 年丘吉尔提出,一道"铁幕"(iron curtain)已经分割了欧洲。

1951 年,另一道障碍开始被清除。德国和法国这两个昔日的敌国,同意将他们的煤炭和铁资源集中起来,避免成为钢铁生产的竞争对手。欧洲共同市场(1958 年)由此开始,由六个欧洲国家组成,其核心是法国和德国。这些经济安排是德国被接受重返国际社会并与其建立和平关系的方式。经济共同体成长为欧洲联盟(1993年),这是一个塑造欧洲联邦的政治组织。

20世纪80年代后期,当苏联开始自我改革,并不再支持东欧各国共产党政权的时候,这些政权很快就发生了巨变。那些前共产主义国家申请加入欧盟并被接受。

一个完整的欧洲联邦是否可能

欧盟能够获得多少权力仍有争议。联盟本身是控制造成战争的民族主义的一种方式,但是如果一个国家没有共同的认识来支撑它,这个国家能够运作吗? 某种欧洲精神能够发展到维持一个完整的欧洲联邦吗?

2004年,各成员国起草了一份正式的宪法,一份单一的文件以取代联盟所依据的各项条约,并使其更具凝聚力。在这份宪法开始运作前,所有成员国都必须接受它。当法国人和荷兰人在全民公投中否决了欧盟宪法时,这一进程便陷入僵局。必须创建另一项条约,以执行宪法所规定的部分内容。欧盟创造的没有中央政府来承担责任的共同货币——欧元——也可能已经是操之过急。

这份尚未被实行的欧盟宪法,与通常的其他重要文本一样,始于一篇序言。在一个由多种混合起源汇聚而成的文明中,自然会有关于它应该包含什么的争论。教皇希望基督教得到承认;德国人会接受这一点,但法国作为启蒙运动的发源地和培养者,对此强烈反对。所以得到承认的并非基督教,而是更加模糊的欧洲宗教传统,并与源自文艺复兴的人文主义及其整体文化相结合。启蒙运动是主导的影响因素,因为欧洲致力于"人类不可侵犯和不可剥夺的权利的普世价值",就是走"进步与繁荣"的道路。民族主义将会被超越,因为"当欧洲人民继续为自己的民族身份和历史而感到自豪时,他们决心超越从前的分歧,更加紧密地团结在一起,建立共同的命运"。

图片索引

340

起》〔*Germany, 1918 – 1933 : Revolution, Counter-revolution and the Rise of Hilter*〕, Simon Taylor, London: Duckworth, 1983)

编后记

　　《极简欧洲史》中文简体平装版自 2011 年推出，已成为一本现象级畅销书，引领了出版界的"极简"风潮。以"你一定爱读的极简……"为题的书涌现不少，甚至吕思勉先生的作品都被改造为《你一定爱读的极简中国史》。影响之大，抑或跟风之烈，足见一斑。

　　约翰·赫斯特教授这部《极简欧洲史》，相比于传统欧洲史论著（无论繁简），结构上确实独树一帜，带有鲜明的音乐性。第一部分用两章即简要勾勒出欧洲的完整历史，并讲清了欧洲文明的结构性特点及来龙去脉。第二部分则回过头用六章篇幅从不同侧面阐述欧洲文明的特质。其间每部分结束之后插入"间奏篇"，不仅是对前述的总结，而且带有清晰的问题意识和强烈的现世情怀。

2012 年出版的英文版（第三版）增补了第三部分，分两章讲述 19、20 世纪的历史，聚焦于工业革命、两次世界大战与欧盟的前景。

2016 年 2 月 3 日，赫斯特教授逝世。于是我们这个迟到的中文简体精装版就不仅仅是增订版了，还带有纪念意味。

简体中文版来自繁体版，译文出自资深翻译家席玉苹女士。译文简洁通透，老道幽默；绝妙呈现原作风格，同时自有中文美感。为保持译文风格统一，增补部分特意邀请席女士继续执笔，惜乎其精力不够，只好另请青年译者石晰颐援手。

台湾大是文化有限公司此前做足了编辑功课，从畅销书角度而言，值得学习。具体来说，在原作书名前冠以"你一定爱读的"，拉近了与读者的距离；原书每部分并无二级标题，他们添加了大量生动的小标题，想必读者每隔几段都有会心之处。

此次新版编者仔细校订译文，针对增补部分则做了一些弥合工作。尽量做到文句简洁有力，关键词汇前后保持一致。增补部分同样也拟了一些小标题,不过相对严肃了些,谐趣不如之前版本,且大体依据原有隔断而设,数量没有以前多。为保持与第三部分辑封名"破坏性力量"对称,前两部分辑封名"欧洲,是个混合体""迈入文明"分别易为"欧洲极简史""细说五六遭"。

希望这一新版本有更多读者,诚如赫斯特教授所言,"希望我的书有助于中国读者快速了解欧洲的历史,进而领悟西方文明的特质"。

魏东

2018 年 4 月 25 日